2024年度版

金融業務 **3** 級

個人型DC
（iDeCo）コース

試験問題集

一般社団法人 金融財政事情研究会

◇はじめに◇

　本書は、「金融業務3級　個人型DC（iDeCo）コース」（ＣＢＴ方式、通年実施）試験の受験者の学習の利便を図るために制作された試験問題集です。

　老後に向けた長期的な資産形成の必要性が高まるなかで、2017年1月にiDeCo（確定拠出年金の個人型年金）の加入者が拡大されました。

　お客さまの資産形成に有益な制度であるiDeCo（確定拠出年金の個人型年金）ですが、これを推進するためには確定拠出年金に係る制度内容や税金などの知識だけでなく、公的年金や他の企業年金等についても正しく理解する必要があります。

　また、お客さまの職種、年齢、家族構成および望んでいる資産形成の在り様もさまざまです。そうしたなかで、それぞれのお客さまに合わせた資産形成を長期的な視野をもって提案するためには、知識と実践力の習得は必須となります。

　「過去に習得したはずの知識を補うため」「一人ひとりの資産形成のお手伝いをするため」「お客さまの悩みを分かち合うため」、それぞれの目標を達成し、スキルの習得度を確認するため、「金融業務3級　個人型DC（iDeCo）コース」試験および本書をご活用ください。

　また、より学習効果をあげるために、基本教材である通信講座「よくわかる！どんどん獲れる！Ｑ＆Ａ iDeCo推進実践講座」を受講されることをお勧めいたします。

　本書で効率よく学習し、「金融業務3級　個人型DC（iDeCo）コース」に合格され、「個人型DC（iDeCo）プランナー」として活躍されることを期待しております。

2024年6月

一般社団法人　金融財政事情研究会
検定センター

◇◇目　次◇◇

第 3 章　資産運用・形成に必要な知識

第 4 章　iDeCo の推進・提案

【巻末資料】確定拠出年金制度について

　　　　　（法令解釈通知：2022年10月 1 日現在）

┌─ **〈法令基準日〉** ─────────────────┐

　本書は、問題文に特に指示のない限り、2024年7月1日（基準日）現在施行の法令等に基づいて編集しています。

└──────────────────────────────┘

┌──────────────────────────────┐

◇CBTとは◇

　CBT（Computer-Based Testing）とは、コンピュータを使用して実施する試験の総称で、パソコンに表示された試験問題にマウスやキーボードを使って解答します。金融業務能力検定は、一般社団法人金融財政事情研究会が、株式会社シー・ビー・ティ・ソリューションズの試験システムを利用して実施する試験です。CBTは、受験日時・テストセンター（受験会場）を受験者自らが指定できるとともに、試験終了後、その場で試験結果（合否）を知ることができるなどの特長があります。

└──────────────────────────────┘

┌──────────────────────────────┐

本書に訂正等がある場合には、下記ウェブサイトに掲載いたします。
https://www.kinzai.jp/seigo/

└──────────────────────────────┘

「金融業務3級　個人型DC(iDeCo)コース」試験概要

　iDeCo制度を利用した資産運用・形成のために最低限必要な知識の習得度を検証します。

■受験日・受験予約　　通年実施。受験者ご自身が予約した日時・テストセンター（https://cbt-s.com/examinee/testcenter/）で受験していただきます。
　　　　　　　　　　　受験予約は受験希望日の3日前まで可能ですが、テストセンターにより予約可能な状況は異なります。

■試験の対象者　　　　預かり資産営業担当者、iDeCoの推進等に携わる金融機関の本部・営業店担当者、iDeCo加入者
　　　　　　　　　　　※受験資格は特にありません

■試験の範囲　　　　　1．わが国の公的年金制度と退職給付制度
　　　　　　　　　　　2．iDeCo制度に関する知識
　　　　　　　　　　　3．資産運用・形成に必要な知識
　　　　　　　　　　　4．iDeCoの推進・提案

■試験時間　　　　　　100分　試験開始前に操作方法等の案内があります。

■出題形式　　　　　　四答択一式50問

■合格基準　　　　　　100点満点で60点以上

■受験手数料(税込)　　5,500円

■法令基準日　　　　　問題文に特に指示のない限り、2024年7月1日現在施行の法令等に基づくものとします。

■合格発表　　　　　　試験終了後、その場で合否に係るスコアレポートが手交されます。合格者は、試験日の翌日以降、「個人型DC（iDeCo）プランナー」の認定証をマイページからPDF形式で出力できます。

■持込み品　　　　　　携帯電話、筆記用具、計算機、参考書および六法等を含め、自席（パソコンブース）への私物の持込みは認められていません。テストセンターに設置されている鍵付きのロッカー等に保管していただきます。メモ用紙・筆記用具はテストセンターで貸し出されます。計算問題については、試験画面上に表示される電卓を利用することができます。

■受験教材等　　　　　・本書
　　　　　　　　　　　・通信教育講座「よくわかる！どんどん獲れる！
　　　　　　　　　　　　Q&A iDeCo推進実践講座」

■受験申込の変更・　　受験申込の変更・キャンセルは、受験日の３日前まで
　キャンセル　　　　　マイページより行うことができます。受験日の２日前
　　　　　　　　　　　からは、受験申込の変更・キャンセルはいっさいでき
　　　　　　　　　　　ません。

■受験可能期間　　　　受験可能期間は、受験申込日の３日後から当初受験申
　　　　　　　　　　　込日の１年後までとなります。受験可能期間中に受験
　　　　　　　　　　　（またはキャンセル）しないと、欠席となります。

※金融業務能力検定・サステナビリティ検定の最新情報は、一般社団法人金
　融財政事情研究会のWebサイト
　（https://www.kinzai.or.jp/kentei/news-kentei）でご確認下さい。

第1章

わが国の公的年金と退職給付制度

1－1　日本の公的年金制度①

《問》日本の公的年金制度に関する次の記述のうち、最も適切なものはどれか。

1）日本の公的年金の財源は、保険料収入と年金積立金で賄われており、国庫負担（税金）はいっさい行われていない。

2）公的年金制度では、マクロ経済スライドが導入されており、少なくとも10年に1度、財政検証を行っている。

3）日本の公的年金制度は、社会保険方式をとっており、原則として保険料を納付しない者は、年金を受給できない。

4）日本の公的年金制度は、将来の給付に必要な原資を事前に積み立てる積立方式によって運営されている。

・解説と解答・

1）不適切である。公的年金の財源は、保険料収入のほか、保有する積立金を活用し、加えて基礎年金の給付費用の2分の1は国庫負担（税金）で賄われている。

2）不適切である。公的年金制度では、マクロ経済スライドが導入されており、長期にわたって給付と負担のバランスが取れていることを確認するため、少なくとも5年に1度、財政検証を行うこととなっている。

3）適切である。

4）不適切である。わが国の年金制度発足当時は積立方式を採用していたが、インフレによる積立金の目減りの防止、保険料負担の抑制、年金額の実質価値を維持するために積立方式から賦課方式（年金支給のために必要な財源を、その時々の保険料収入から用意する方式）へと移行してきた。

<u>正解　3）</u>

1 － 2　日本の公的年金制度②

> 《問》日本の公的年金の変遷に関する次の記述のうち、最も不適切なもの
> はどれか。
> 1 ）令和 4 （2022）年 4 月より、65歳以上の者については、在職中で厚
> 生年金保険の被保険者であっても、年金額の改定を定時に行うこと
> とされた（毎年 1 回、10月分から）。
> 2 ）平成25（2013）年 1 月から厚生年金保険において総報酬制が導入さ
> れ、会社員等の国民年金の第 2 号被保険者の賞与も保険料と給付額
> に反映されるようになった。
> 3 ）平成27（2015）年度の年金額改定で初めてマクロ経済スライドが発
> 動され、原則として本来水準の年金額が支給されることとなった。
> 4 ）平成27（2015）年10月に厚生年金保険と共済年金等の被用者年金が
> 一元化され、基本的に制度は厚生年金保険に揃えることになった。

・解説と解答・

1 ）適切である。毎年 9 月 1 日において厚生年金保険の被保険者である老齢厚
生年金の受給者の年金額について、前年 9 月から当年 8 月までの被保険者
期間を算入して、毎年10月分の年金から改定された。

2 ）不適切である。平成15（2003）年 4 月から総報酬制が導入された。

3 ）適切である。平成17（2005）年にマクロ経済スライドは導入されたが、給
付額の計算に関する経過措置（物価スライド特例措置）等が発動され、す
ぐにマクロ経済スライドは発動されなかった。その後、平成27（2015）年
度から特例水準と本来水準の乖離が解消され、本来水準の年金が支給され
初めてマクロ経済スライドが適用された。

4 ）適切である。平成27（2015）年10月より、被用者年金制度の一元化等を図
るための厚生年金保険法等の一部を改正する法律（被用者年金一元化法）
により共済年金等が厚生年金保険に統合された。基本的に厚生年金保険に
揃えて解消することとし、共済年金の職域部分（ 3 階部分）は廃止され、
別制度として、「退職等年金給付」が導入された。公務員や私立学校の教
職員も民間会社員等との同一保険料・同一給付を実現することとなった。

正解　2 ）

1−3　国民年金の被保険者①

《問》国民年金の被保険者に関する次の記述のうち、最も不適切なものは
どれか。
 1 ）第 3 号被保険者の対象は、第 2 号被保険者に扶養されている戸籍上
　　の配偶者に限られ、事実婚の配偶者は該当しない。
 2 ）第 2 号被保険者の配偶者が第 3 号被保険者となる要件の 1 つに、原
　　則として年間収入が130万円未満であることが挙げられる。
 3 ）日本国内に住所がある60歳以上65歳未満の者は、一定の要件を満た
　　した場合、国民年金に任意加入することができる。
 4 ）自営業者等の第 1 号被保険者の配偶者は、第 3 号被保険者に該当し
　　ない。

・解説と解答・

 1 ）不適切である。第 3 号被保険者は、20歳以上60歳未満で、第 2 号被保険者
　　の被扶養配偶者が対象となっているが、戸籍上の配偶者だけでなくいわゆ
　　る事実婚（内縁）の配偶者も該当する。

 2 ）適切である。配偶者が障害者の場合の年収要件は、年間180万円未満であ
　　る。また、同一世帯の場合は、扶養者の年収の 2 分の 1 未満、別居の場合
　　は先の条件に加えて扶養者からの仕送り額未満の要件を満たす必要があ
　　る。なお、今後、短時間労働者への被用者保険の拡大があり（2022年10月
　　に改正。2024年10月からもさらなる改正が予定されている）、社会保険の
　　適用拡大の対象となる場合、年収が130万円未満であっても扶養を外れ、
　　配偶者本人が社会保険の被保険者となり、保険料を負担する。

 3 ）適切である。60歳到達時に老齢基礎年金の受給資格期間を満たすことがで
　　きなかった場合や老齢基礎年金の額を増やしたい場合は、60歳から65歳に
　　達するまでの間、国民年金の任意加入被保険者になることができる。ただ
　　し、任意加入期間中に保険料納付済月数が480月に達すると、強制的に任
　　意加入被保険者の資格を喪失する。

 4 ）適切である。

<u>正解　 1 ）</u>

1−4　国民年金の被保険者②

《問》国民年金の被保険者資格の得喪に関する次の記述のうち、最も不適
　　切なものはどれか。
1）第1号被保険者の資格取得の要件として、20歳以上60歳未満の者が
　　日本国内に住所を有するようになったとき、が挙げられる。
2）第1号被保険者、第2号被保険者および第3号被保険者のいずれ
　　も、死亡した日に被保険者の資格を喪失する。
3）第3号被保険者は、第2号被保険者の被扶養配偶者であっても、60
　　歳に達した日（誕生日の前日）に被保険者の資格を喪失する。
4）被保険者期間は月単位で、被保険者の資格を取得した日の属する月
　　からその資格を喪失した日の属する月の前月までとなる。

・解説と解答・

1）適切である。日本に住所を有する20歳以上60歳未満の外国籍の者（社会保
　　障協定の規定により相手国法令の適用を受ける者を除く）も、国民年金の
　　強制加入被保険者となり、日本に住所を有するようになった日に被保険者
　　となる。
2）不適切である。第1号被保険者、第2号被保険者および第3号被保険者の
　　いずれも、死亡した日の翌日が資格喪失日となる。
3）適切である。第3号被保険者は、20歳以上60歳未満の者であり、第2号被
　　保険者の被扶養配偶者のままであっても60歳に達した日（誕生日の前日）
　　に資格喪失をする。なお、20歳未満の者が、第2号被保険者の被扶養配偶
　　者となった場合、20歳の誕生日前日に第3号被保険者の資格を取得する。
4）適切である。

<u>正解　2）</u>

1-5　国民年金の保険料①

《問》国民年金の保険料に関する次の記述のうち、最も不適切なものはどれか。

1) 国民年金の保険料を直接納付するのは第1号被保険者と任意加入被保険者等で、第2号被保険者と第3号被保険者は保険料を個人で直接納付することはない。

2) 国民年金の保険料を免除されている者（産前産後期間の免除を受けている者を除く）は、国民年金の付加保険料を納付することができない。

3) 国民年金の付加保険料は月額200円で、将来、老齢基礎年金の額に付加年金として「400円×付加保険料の納付済月数分」で計算された額が上乗せされる。

4) 第2号被保険者と第3号被保険者は、国民年金の付加保険料を納付することはできない。

・解説と解答・

1) 適切である。第2号被保険者と第3号被保険者の国民年金の保険料は、第1号被保険者と違い、厚生年金保険が基礎年金拠出金として負担しており、被保険者が直接納付しているわけではない。

2) 適切である。法定免除、申請免除、学生納付特例制度、納付猶予制度の適用を受けている者と、国民年金基金の加入者は付加保険料を納付することができない。産前産後期間の国民年金保険料免除を受けている間は、付加保険料を納付することができる。

3) 不適切である。国民年金の付加保険料は月額400円の定額で、将来、老齢基礎年金の額に「200円×付加保険料の納付済月数分」で計算された額が付加年金として上乗せされる。

4) 適切である。第2号被保険者と第3号被保険者は、国民年金の付加保険料を納付できない。付加保険料を納付することができるのは、第1号被保険者、任意加入被保険者（65歳以上の特例任意加入被保険者を除く）で、保険料を免除されていない者および産前・産後期間の保険料免除を受けている者等に限られている。

<u>正解　3)</u>

1 － 6　国民年金の保険料②

《問》国民年金の保険料免除・納付猶予制度に関する次の記述のうち、最も適切なものはどれか。

1 ）学生納付特例制度は、本人の前年の所得の多寡にかかわらず、申請に基づいて在学中の国民年金の保険料の納付が猶予される制度である。

2 ）納付猶予制度は、学生を除き、50歳未満の第 1 号被保険者について、本人および配偶者の前年の所得が一定額以下の場合に申請に基づいて保険料の納付が猶予される制度である。

3 ）学生納付特例制度により国民年金の保険料の納付を猶予された期間は、追納をしなくとも保険料納付済期間として年金額に反映される。

4 ）国民年金の保険料の申請免除は、前年の所得（ 1 月から 6 月までの間について申請する場合は前々年所得）に応じて全額免除、 3 分の 2 免除、半額免除、 3 分の 1 免除の 4 段階がある。

・解説と解答・

1 ）不適切である。平成12（2000）年 4 月から学生納付特例制度が導入され、学生本人のみの所得が一定以下の場合、申請に基づいて学生期間中は保険料納付を要しないことが認められた。

2 ）適切である。平成28（2016）年 6 月まで納付猶予制度の対象は30歳未満であったが、平成28（2016）年 7 月からは、中高齢者も非正規労働者が増えていることから対象者が50歳未満までに拡大された。

3 ）不適切である。保険料免除期間は国庫負担（平成21（2009）年 4 月以降 2 分の 1 ）分のみ年金額に反映されるが、学生納付特例制度の適用期間は保険料納付済期間として年金額に反映されない。

4 ）不適切である。国民年金の保険料の申請免除は、全額免除、 4 分の 3 免除、半額免除、 4 分の 1 免除の 4 段階に分かれている。

正解　2 ）

■国民年金保険料の免除・納付猶予

	免除要件
法定免除	障害基礎年金等の受給権者、生活保護の生活扶助を受けている者等
申請免除 （全額、4分の3、半額、4分の1）	本人、世帯主および配偶者の前年の所得が所定の額以下等
学生納付特例制度	学生である期間、学生本人の前年の所得が所定の額以下等
納付猶予制度	50歳未満の被保険者および配偶者の前年（1～6月の間については前々年）の所得が一定の額以下等
産前産後期間の免除	第1号被保険者で、出産日が2019年2月1日以降の者 免除期間：出産（予定）日が属する月の前月から4カ月間（多胎妊娠の場合は、出産（予定）日が属する月の3カ月前から6カ月間）

1－7　国民年金の老齢基礎年金・付加年金

《問》国民年金の老齢基礎年金および付加年金に関する記述のうち、最も不適切なものはどれか。

1）令和6（2024）年度の老齢基礎年金の満額は、昭和31年4月2日以後生まれの人は816,000円で、昭和31年4月1日以前生まれの人は813,700円である。

2）老齢基礎年金の受給資格期間を満たしている1952（昭和27）年4月2日以降生まれの人の場合、原則として老齢基礎年金の繰下げ請求の上限年齢は75歳到達した日までである。

3）厚生年金保険の被保険者期間のうち20歳から65歳未満の間は、老齢基礎年金額の算出時には保険料納付済期間として扱われる。

4）老齢基礎年金および付加年金の受給要件を満たしている人が、66歳以降に老齢基礎年金の繰下げ請求をした場合、付加年金も老齢基礎年金と同一の増額率が適用された額が繰下げ請求をした日の属する翌月分から支給される。

・解説と解答・

1）適切である。毎年度、老齢基礎年金の額は、法律上の老齢基礎年金額（78万900円）に改定率（または基準年度以後改定率）を乗じて算出することになっている。国民年金法上の老齢基礎年金額の改定ルールでは、新規裁定者については「改定率」を原則として名目手取り賃金変動率を基準として改定し、既裁定者については、「基準年度以後改定率」を原則として物価変動率を基準として改定することとなっている。2024（令和6）年度は、名目手取り賃金変動率が物価変動率を下回り、かつ、共にプラスであったことにより、改定ルールに従って、老齢基礎年金額はどちらも名目手取り賃金変動率を基準として改定されることとなった。さらにマクロ経済スライドによる調整が行われ、その結果、どちらも名目手取り賃金変動率で改定されることとなった。さらに、マクロ経済スライドによる調整が行われ、その結果、昭和31年4月2日以後生まれの人の基礎年金額は816,000円となり、昭和31年4月1日以前生まれの人の基礎年金額は813,700円となった。

なお、令和6年度の既裁定者（昭和32年4月1日以前生まれの方）のう

ち、昭和31年4月2日〜昭和32年4月1日までの生年月日の人は、令和6年度中に68歳に達するので「既裁定者」に区分されるが、前年度の年金額の改定率が「新規裁定者」と同率だったので、その結果、令和6年度の年金額の昭和31年4月2日〜昭和32年4月1日の間の生まれの人の基準年度以後改定率が新規裁定者の改定率と同率となった。つまり、既裁定者に区分されるにもかかわらず、新規裁定者と同額の年金額となった。(国民年金法第27条、第27条の2、第27条の3、第27条の4、第27条の5)

2)適切である。2022年(令和4)年4月から、老齢基礎年金の繰下げ請求の上限年齢が引き上げられ最長で75歳に達するまでとされた。ただし、繰下げ請求の上限年齢の引き上げ(75歳に達するまで)が適用されるのは、改正施行日2022(令和4年)4月1日の前日において70歳に達していない人(昭和27年4月2日以降生まれの人)となる。つまり、1952(昭和27)年4月1日以前生まれの人は、繰下げ請求の上限年齢は、従前の通り70歳到達までとなる。

3)不適切である。老齢基礎年金の額の算出時の「保険料納付済期間」とされるのは、次のとおり。

①国民年金第1号被保険者期間(任意加入被保険者期間を含む)のうち、保険料を納付した期間および産前産後保険料免除期間

②国民年金第2号被保険者期間(厚生年金保険の被保険者期間および被用者年金制度一元化前の共済組合等の組合員期間または加入者期間)のうち、20歳以上60歳未満の期間。

③国民年金第3号被保険者期間(昭和61年4月以降で、厚生年金保険の被保険者または共済組合等の組合員等(国民年金の第2号被保険者に限る)の被扶養配偶者であった間のうち20歳以上60歳未満の期間)

4)適切である。付加保険料の納付済期間が1カ月以上あるときは、老齢基礎年金の受給権を取得したときに付加年金も支給される。また、老齢基礎年金の繰下げ支給の申出をした場合、付加年金も同時に支給繰下げの申出をしたものとされ、同率の増額率が適用された額が支給される。(国民年金法第43条、第46条第1項、第2項)

正解)3

1－8　厚生年金保険の被保険者①

《問》厚生年金保険の被保険者期間に関する次の記述のうち、最も適切な
ものはどれか。なお、退職後に再就職はしないものとする。
1 ）厚生年金保険の被保険者期間は月を単位として、原則資格を取得し
た日の属する月から資格を喪失した日の属する月までとなる。
2 ）資格取得日が 5 月 1 日で退職日が 9 月20日の場合、 9 月は被保険者
期間とならない。
3 ）資格取得日が 3 月 1 日で退職日が10月31日の場合、10月は被保険者
期間とならない。
4 ）資格取得日が 1 月 1 日で退職日が 3 月10日の場合、 3 月の保険料は
徴収される。

・解説と解答・

1 ）不適切である。厚生年金保険の被保険者期間は月を単位として、資格取得
日の属する月から資格喪失日の属する月の前月までとなる。
2 ）適切である。 9 月20日が退職日の場合、資格喪失日は 9 月21日となるため
前月の 8 月までが被保険者期間となり、 9 月は被保険者期間にならない。
3 ）不適切である。10月31日のような月末が退職日の場合、翌日である11月 1
日が資格喪失日となり10月は被保険者期間となり、保険料負担も発生す
る。
4 ）不適切である。保険料の徴収は資格喪失日の属する月の前月までとなるた
め 3 月分は徴収されない。

<u>正解　2 ）</u>

1−9　厚生年金保険の被保険者②

《問》厚生年金保険の適用事業所および被保険者に関する次の記述のう
ち、最も不適切なものはどれか

1）すべての法人事業所と常時5人以上の従業員を使用する事業所（サー
ビス業の一部や農林漁業等の個人の事業所は除く）は、強制適用事
業所となる。

2）厚生年金保険の適用事業所に6カ月以内の有期雇用契約で雇用され
た40歳の者は、厚生年金保険の被保険者とならない。

3）厚生年金保険の適用事業所に常時使用される70歳未満の外国人は、
原則厚生年金保険の被保険者となる。

4）常時101人以上使用する企業（特定適用事業所）で勤務する一定の
要件を満たした短時間労働者（パートタイマー等）は、厚生年金保
険の被保険者となる。

・解説と解答・

1）適切である。常時5人以上の従業員を使用する事業所（サービス業の一部
や農林漁業等の個人の事業所は除く）と国、地方公共団体または法人の事
業所は厚生年金保険の強制適用事業所となり、それ以外の事業所は厚生労
働大臣の認可を受けて任意適用事業所になることができる。

2）不適切である。厚生年金保険の適用事業所に使用される正社員以外の者で
あっても、70歳未満の者で、2カ月を超える期間を定めて使用されている
者（季節的業務に4カ月以内の期間を定めて使用される者、臨時的事業の
事業所に6カ月以内の期間を定めて使用される者を除く）等は要件を満た
したときは、被保険者となる。

3）適切である。適用除外となる場合を除き、外国人でも被保険者となる。

4）適切である。社会保険の特定適用事業所に勤務する勤務時間・勤務日数が
常時雇用者の4分の3未満で、一定の要件を満たした者は、短時間労働者
として厚生年金保険に加入しなければならない。一定の要件とは、①週の
所定労働時間が20時間以上あること、②雇用期間が2カ月以上を超えると
見込まれること、③賃金の月額が8.8万円以上であること、④学生でない
こと、⑤常時101人以上（令和6年10月以降は51人以上）使用する企業等
（特定適用事業所）もしくは所定の要件を満たす任意特定適用事業所に勤

めていることである。

正解　2）

■厚生年金保険の適用事業所と短時間労働被保険者の要件の推移

対象	要件	平成28年10月～ （改正前）	令和4年10月～	令和6年10月～
事業所	事業所の規模	常時501人以上	常時101人以上	常時51人以上
短時間労働者	労働時間	週の所定労働時間が20時間以上	変更なし	変更なし
	賃金	月額88,000円以上	変更なし	変更なし
	勤務期間	継続して1年以上使用される見込み	継続して2カ月を超えて使用される見込み	継続して2カ月を超えて使用される見込み
	適用除外	学生ではないこと	変更なし	変更なし

1−10 厚生年金保険の保険料①

> 《問》厚生年金保険の保険料に関する次の記述のうち、最も不適切なもの
> はどれか。
> 1）厚生年金保険の保険料は、被保険者の「標準報酬月額」と「標準賞
> 与額」にそれぞれ、一定の保険料率を乗じて算出される。
> 2）標準報酬月額の対象となる報酬とは、支給回数が年3回以下の賞与
> 等を除いて、名称にかかわりなく被保険者が労働の対償として受け
> るものである。
> 3）厚生年金保険の被保険者資格を取得した日が月の途中であった場
> 合、資格取得月における保険料は標準報酬月額に保険料率を乗じて
> 得た額を基に資格取得日からその月の月末までの日数に応じて日割
> りにより算定した額となる。
> 4）厚生年金保険の保険料は、事業主と被保険者が折半で負担し、事業
> 主が納付する義務がある。

・解説と解答・

1）適切である。毎月の給与または賞与に対する保険料は標準報酬月額および
標準賞与額に保険料率を乗じて得た額で、事業主と被保険者が折半で負担
することとされ、納付は事業主の責務とされる。
2）適切である。標準報酬月額の対象となる報酬とは、賃金、給料、俸給など
その他いかなる名称であるかを問わず、被保険者が自己の労働の対償とし
て受けるすべてのものをいう。ただし、臨時に受けるもの、3カ月を超え
る期間ごとに受けるものを除く。例として、基本給のほか、職階手当、勤
務地手当、家族手当、通勤手当、住宅手当など、事業所から現金または現
物支給されるものがある。
3）不適切である。毎月の厚生年金保険料は1カ月単位で計算され、仮に、月
の途中で被保険者資格を取得した場合であっても、1カ月分の保険料を徴
収される。
4）適切である。

<u>正解　3）</u>

1－11　厚生年金保険の保険料②

《問》厚生年金保険の保険料に関する次の記述のうち、最も適切なものは
どれか。
1）産前産後休業期間中の厚生年金保険の保険料について、被保険者負
　担分は免除されるが、事業主負担分は免除されない。
2）育児休業等の期間中の厚生年金保険の保険料は、事業主負担分と被
　保険者負担分の両方が免除される。
3）産前産後休業期間中と育児休業等の期間中の厚生年金保険の保険料
　が免除された期間について、年金の額を計算する際に保険料を納め
　た期間として扱われない。
4）育児休業等の期間中の保険料免除は、最長で子が1歳に達するまで
　適用される。

・解説と解答・

1）不適切である。産前産後休業期間中と育児休業等の期間中の厚生年金保険
　の保険料は、被保険者負担分と事業主負担分のいずれも免除されることに
　なっている。また、出生した子の父親が育児休業とは別に、子の出生後8
　週間以内に4週間まで2回に分割して取得することができる休業（産後パ
　パ育休）も対象となる場合がある。
2）適切である。
3）不適切である。産前産後休業期間中と育児休業期間中に保険料の徴収が免
　除された期間は、将来、年金額を計算する際に、保険料を納めた期間とし
　て扱われる。
4）不適切である。育児休業等の期間中の保険料免除は、申出をした日の属す
　る月から育児休業等が終了する日の翌日が属する月の前月までの期間（令
　和4年10月以降は、育児休業等を開始した日の属する月と終了日の翌日が
　属する月が同一の場合でも育児休業開始日が含まれる月に14日以上育児休
　業等を取得した場合も免除の対象となる）が対象で、最長で子が3歳到達
　日の翌日の月の前月までとなっている。なお、厚生年金保険の保険料免除
　は、対象となる期間の「標準報酬月額」と「標準賞与額」に係る保険料が
　免除となるが、令和4年10月1日以降は賞与にかかる保険料免除は、賞与
　支払月の末日を含んだ連続1カ月を超える育児休業等を取得した場合に限

られることになった。

正解　2）

1−12　国民年金基金①

《問》国民年金基金に関する次の記述のうち、最も適切なものはどれか。
 1）国民年金基金は、3年以上加入すれば任意に脱退することができる。
 2）国民年金基金の給付には、老齢年金、障害年金および遺族一時金の
　　 3種類がある。
 3）国民年金基金の遺族一時金は、課税の対象とならない。
 4）国民年金基金の老齢年金額が少額の場合、年金給付に代えて一時金
　　 として受け取ることもできる。

・解説と解答・

1）不適切である。国民年金基金への加入は任意であるが、加入後は加入期間
　 の長短にかかわらず任意に脱退することはできない。
2）不適切である。国民年金基金の給付は、老齢年金と遺族一時金の2種類で
　 あり、障害年金はない。
3）適切である。
4）不適切である。国民年金基金の老齢年金は、一時金として受け取ることは
　 できない。

正解　3）

1－13　国民年金基金②

《問》国民年金基金に関する次の記述のうち、最も不適切なものはどれか。

1）国民年金基金の加入者が確定拠出年金の個人型年金に加入した場合、両制度における掛金を合算して年額816,000円まで拠出することができる。

2）国民年金基金への加入は口数制であり、1口目として終身年金と確定年金のどちらかを選択することができる。

3）国民年金基金に加入できるのは、原則として、日本国内に住所を有する20歳以上60歳未満の国民年金の第1号被保険者および日本国内に住所を有する60歳以上65歳未満の国民年金の任意加入被保険者である。

4）国民年金基金の加入者は、確定拠出年金の個人型年金に同時に加入できるが、国民年金の付加保険料を納付することはできない。

・解説と解答・

1）適切である。

2）不適切である。1口目は、終身年金を選択しなければならない。

3）適切である。平成25（2013）年4月1日から、日本国内に住所を有する60歳以上65歳未満の国民年金の任意加入被保険者は、国民年金基金に加入することができるようになった。この場合、国民年金の任意加入被保険者でなくなったとき、または65歳になったときに資格を喪失する。なお、例外として海外に居住する任意加入被保険者も加入できる。

4）適切である。国民年金基金と個人型年金は、同時に加入できるが、国民年金基金の加入者は、国民年金の付加保険料を納付することができない。

正解　2）

1-14　確定給付企業年金①

《問》確定給付企業年金に関する次の記述のうち、最も不適切なものはどれか。

1）「規約型」および「基金型」ともに、事業主掛金は全額損金算入でき、加入者掛金には生命保険料控除が適用される。

2）「規約型」は労使合意された規約を作成し、厚生労働大臣の承認を受けることを、「基金型」は企業年金基金の設立について厚生労働大臣の認可を受けることが、それぞれ義務付けられている。

3）「基金型」は厚生年金基金と同様に、厚生年金保険の老齢給付の一部を国に代わって支給しなければならない。

4）「基金型」を設立する場合は常時300人以上の加入者が必要となるが、「規約型」には法令上の人数要件はない。

・解説と解答・

1）適切である。確定給付企業年金の加入者掛金は、生命保険料控除の対象となるため、所得から控除できる上限額は年額50,000円（平成24（2012）年1月1日以降の契約については年額40,000円）となる。なお、確定拠出年金の加入者掛金は小規模企業共済等掛金控除として、拠出した掛金の全額が所得控除となる。

2）適切である。

3）不適切である。「基金型」であっても、厚生年金基金のように国の厚生年金保険の一部を代行することはない。

4）適切である。

正解　3）

1－15　確定給付企業年金②

《問》確定給付企業年金に関する次の記述のうち、最も不適切なものはどれか。

1）確定給付企業年金において掛金は事業主負担が原則であるが、加入者拠出について規約で定めた場合、本人の同意等の一定の要件を満たせば、加入者が掛金を拠出することができる。

2）脱退一時金を受けるための要件として、規約において3年を超える加入者期間を定めることはできない。

3）老齢給付金は、年金として支給することが原則であるが、規約で定めることにより、その全部または一部を一時金として支給することができる。

4）確定給付企業年金は、拠出された掛金が個人ごとに明確に区分され、運用方法を加入者が指図して運用することができ、個人ごとに掛金と運用益によって将来の給付額が異なる。

・解説と解答・

1）適切である。確定給付企業年金では、規約に定めれば本人が任意で掛金を拠出することができ、拠出した掛金は生命保険料控除の対象となる。

2）適切である。

3）適切である。なお、20年を超える加入期間を老齢給付金の給付を受けるための要件とすることはできない（確定給付企業年金法36条4項）

4）不適切である。確定給付企業年金では、運用を個々の加入者が指図することはない。

正解　4）

1－16　確定拠出年金の企業型年金①

《問》確定拠出年金の企業型年金の給付等に関する次の記述のうち、最も不適切なものはどれか。
1）通算加入者等期間が10年以上あれば、60歳到達時に老齢給付金の受給権を取得するが、10年未満の場合は、通算加入者等期間に応じて61歳以降に受給権の取得が繰り下げられる。
2）老齢給付金は年金で受給するのが原則であるが、規約に定めることで、一時金または一時金と年金を組み合わせて受け取ることもできる。
3）老齢給付金を年金で受給する場合、原則として、有期の支給期間は5年以上20年以下の期間で設定しなければならない。
4）通算加入者等期間には、国民年金基金連合会に自動移換されていた期間も含まれる。

・解説と解答・

1）適切である。通算加入者等期間が10年以上あれば、60歳到達時に老齢給付金の受給権を取得するが、60歳到達時点で通算加入者等期間が10年に満たない場合、以下の年齢で受給権を取得する。

　　　8年以上加入等→61歳から受給可能
　　　6年以上加入等→62歳から受給可能
　　　4年以上加入等→63歳から受給可能
　　　2年以上加入等→64歳から受給可能
　　　1月以上加入等→65歳から受給可能

なお、1952年4月2日以後生まれの人の老齢給付開始年齢の上限が75歳に引き上げられた（確定拠出年金法34条）。ただし、1952年4月1日以前生まれの人の場合の上限年齢は従来通り70歳である。
2）適切である。老齢給付金は、年金で受け取ることを原則としているが、規約に認められる範囲で全額一時金、あるいは一時金と年金との組合せで受け取ることができる。
3）適切である。なお、生命保険商品を選択することで終身年金としての受取りも可能である。
4）不適切である。企業型年金の加入資格喪失時に国民年金基金連合会に年金

資産が自動移換されていた期間がある場合には、その期間は、通算加入者等期間に含まれない。

正解　4）

1－17　確定拠出年金の企業型年金②

《問》確定拠出年金の企業型年金の特徴に関する次の記述のうち、最も不
　適切なものはどれか。
1）企業型年金の事業主掛金の決定方法には、基準とする給与に「定
　率」を乗じた金額とする方法、加入者全員一律に「定額」とする方
　法、「定額」と「定率」を組み合わせる方法の3つがある。
2）国民年金の第1号被保険者が、企業型年金のみを導入している企業
　に就職し、企業型年金加入者となった場合、その者に対する事業主
　掛金の拠出限度額は年額660,000円となる。
3）企業型年金を導入している企業の従業員は、いかなる場合も確定拠
　出年金の個人型年金に加入することはできない。
4）企業型年金で加入者が拠出する加入者掛金（マッチング拠出）は、
　税法上、全額が小規模企業共済等掛金控除の対象となる。

・解説と解答・

1）適切である。
2）適切である。事業主掛金の拠出限度額は、他の企業年金がない場合は年額
　660,000円、他の企業年金がある場合は年額330,000円（2024年4月現在）
　である。
3）不適切である。平成29（2017）年1月から確定給付企業年金、厚生年金基
　金、確定拠出年金の企業型年金など企業年金等に加入している国民年金の
　第2号被保険者も確定拠出年金の個人型年金に加入することができるよう
　になった。なお、2022年10月からは、確定拠出年金の企業型年金の加入者
　は、企業型年金規約で個人型年金への加入を認めている定め等がなくても
　個人型年金に加入できることとなった。ただし、掛金が各月拠出であるこ
　と、企業型年金のマッチング拠出を利用していないこと等の要件がある。
4）適切である。

正解　3）

iDeCo制度に関する知識

2-1 確定拠出年金の個人型年金の概要①

《問》確定拠出年金の個人型年金の特徴に関する次の記述のうち、最も不適切なものはどれか。

1) 従業員（第1号厚生年金被保険者）が500人以下の企業に勤務する個人型年金加入者について、労使合意がある場合には、事業主が掛金の限度額の範囲内で、上乗せして掛金を拠出することができる。

2) 加入者が拠出した掛金は、小規模企業共済等掛金控除の対象となる。

3) 原則として、60歳以前に積み立てた個人別管理資産を任意に引き出すことはできない。

4) 運用関連運営管理機関が選定した商品の中から、加入者自らが運用商品を選択する。

・解説と解答・

1) 不適切である。第1号厚生年金被保険者数が300人以下で、企業年金を実施していない中小事業主は、個人型年金加入者が拠出した掛金に拠出限度額の範囲内で上乗せして中小事業主掛金を拠出できる（中小事業主掛金納付制度、愛称iDeCo＋）。また、事業主が拠出した掛金は、全額が損金算入できる。

2) 適切である。

3) 適切である。例外として一定の要件に該当した場合に受給できる脱退一時金などを除いて、60歳以前に年金資産を引き出すことはできない（なお、2022年5月より一定の要件を満たせば、加入は65歳まで可能である）。

4) 適切である。

正解 1)

2－2　確定拠出年金の個人型年金の概要②

《問》確定拠出年金の個人型年金の特徴に関する次の記述のうち、最も不
　適切なものはどれか。
1）掛金の納付は、自営業者などは口座振替、企業などに勤務する者は
　　給与天引きまたは口座振替により行うことになる。
2）掛金は、年1回以上定期的に拠出することができる。
3）加入者が拠出した掛金は、全額が小規模企業共済等掛金控除の対象
　　となる。
4）運用関連運営管理機関が加入者に代わって年金資産の運用方法を選
　　択し、その成果を年金や一時金として加入者が受け取る。

・解説と解答・

1）適切である。
2）適切である。2018年1月より、掛金の拠出が年単位化でできるようになっ
　た。
3）適切である。なお、国民年金基金の掛金は、全額社会保険料控除の対象と
　なる。
4）不適切である。加入者自らが選択し、その成果を年金や一時金として受け
　取る。

<u>正解　4）</u>

2－3　確定拠出年金の個人型年金の加入者資格①

《問》確定拠出年金の個人型年金の加入者資格に関する次の記述のうち、最も不適切なものはどれか。

1）失業（退職）による国民年金の保険料の申請免除を受けている25歳の国民年金の第1号被保険者は、個人型年金の加入者となることができない。

2）専業主婦である30歳の国民年金の第3号被保険者は、個人型年金の加入者となることができる。

3）国民年金保険料を納付している学生である20歳の国民年金の第1号被保険者は、個人型年金の加入者となることができる。

4）自営業者である61歳の国民年金の任意加入被保険者は、個人型年金の加入者となることができない。

・解説と解答・

1）適切である。失業（退職）による国民年金の保険料の申請免除を受けると、個人型年金の加入者となることはできない。

2）適切である。2017年1月から、国民年金の第3号被保険者である専業主婦（夫）も個人型年金の加入ができるようになった。

3）適切である。学生納付特例を受けている国民年金の第1号被保険者は加入資格がない。

4）不適切である。自営業者の場合、2022年5月から、原則65歳未満の国民年金の任意加入被保険者であれば加入できるようになった。

<u>正解　4）</u>

2－4　確定拠出年金の個人型年金の加入者資格②

《問》厚生年金保険の被保険者に係る確定拠出年金の個人型年金の加入者
資格に関する次の記述のうち、最も不適切なものはどれか。
1）企業に勤務する55歳の第1号厚生年金被保険者は、一定の要件を満
たせば個人型年金の加入者となることができる。
2）私立学校に勤務する62歳の第4号厚生年金被保険者は、個人型年金
の加入者となることができない。
3）地方公務員である35歳の第3号厚生年金被保険者は、個人型年金の
加入者となることができる。
4）国家公務員である48歳の第2号厚生年金被保険者は、個人型年金の
加入者となることができる。

・解説と解答・

1）適切である。
2）不適切である。被用者年金一元化により、私立学校教職員は第4号厚生年
金被保険者となるため、65歳未満で被保険者であれば、個人型年金に加入
できる。
3）適切である。
4）適切である。

正解　2）

■厚生年金保険の被保険者の種別
　被用者年金制度の一元化により、厚生年金保険の被保険者は以下のように
分類された。

種別	該当する者
第1号厚生年金被保険者	第2号から第4号以外の厚生年金保険の被保険者
第2号厚生年金被保険者	国家公務員共済組合の組合員
第3号厚生年金被保険者	地方公務員共済組合の組合員
第4号厚生年金被保険者	私立学校教職員共済制度の加入者

2－5 確定拠出年金の個人型年金の加入者資格③

《問》確定拠出年金の個人型年金の加入者資格に関する次の記述のうち、
　　最も適切なものはどれか。
1) 確定給付企業年金の加入者は、一定の要件を満たせば個人型年金の
　　加入者となることができる。
2) 農業者年金の加入者は、個人型年金の加入者となることができる。
3) 国民年金の保険料の納付免除者（産前産後期間の免除を受けている
　　者を除く）は、個人型年金の加入者となることができる。
4) 国民年金の第1号被保険者で海外に移住し非居住者となった者は、
　　個人型年金の加入者となることができない。

・解説と解答・

1) 適切である。
2) 不適切である。農業者年金の加入者は、個人型年金の加入者となることが
　　できない。
3) 不適切である。国民年金の保険料免除制度（全額免除、4分の3免除、半
　　額免除、4分の1免除）、納付猶予制度、学生納付特例制度等の適用者
　　は、個人型年金の加入者となることができない（産前産後期間の免除を受
　　けている者を除く）。なお、障害基礎年金の1級または2級の受給権者の
　　うち、国民年金の第1号被保険者は加入者になることができる。
4) 不適切である。2022年5月から、海外居住者であっても国民年金の任意加
　　入被保険者であれば、加入できる。

正解　1)

■企業型DC加入者のiDeCo加入の要件緩和後（2022年10月 1 日施行）

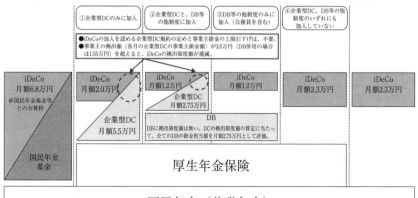

※ 1　月額2.0万円（DB併用の場合は1.2万円）、かつ、企業型DCの事業主掛金額との合計が月額5.5万円（DB併用の場合は2.75万円）の範囲内で、iDeCoの拠出が可能。

※ 2　マッチング拠出を導入している企業の企業型DC加入者は、企業型DCの事業主掛金額を超えず、かつ、事業主掛金額との合計が拠出限度額（月額5.5万円（DB併用の場合は2.75万円））の範囲内で、マッチング拠出が可能。マッチング拠出かiDeCo加入かを加入者ごとに選択することが可能。

※ 3　DBには、厚生年金基金・私立学校教職員共済制度・石炭鉱業年金基金を含む。

■DB等の他制度掛金相当額の反映後（2024年12月～）

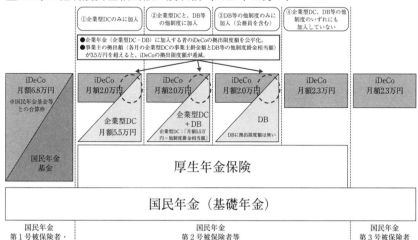

※ 1　企業型DCの拠出限度額は、月額5.5万円からDB等の他制度掛金相当額（仮想掛金額）を控除した額。他制度掛金相当額は、DB等の給付水準から企業型DCの事業主掛金に相当する額として算定したもので、複数の他制度に加入している場合は

合計額。他制度には、DBのほか、厚生年金基金・私立学校教職員共済制度・石炭鉱業年金基金を含む。

施行（令和6年12月1日）の際、現に事業主が実施する企業型DCの拠出限度額については、施行の際の企業型DC規約に基づいた従前の掛金拠出を可能とする（経過措置）。ただし、施行日以後に、確定拠出年金法第3条第3項第7号に掲げる事項を変更する規約変更を行った場合、確定給付企業年金法第4条第5号に掲げる事項を変更する規約変更を行うことによって同法第58条の規定により掛金の額を再計算した場合、DB等の他制度を実施・終了した場合等は、経過措置の適用は終了。

マッチング拠出を導入している企業の企業型DC加入者は、企業型DCの事業主掛金額を超えず、かつ、事業主掛金額との合計が拠出限度額（月額5.5万円からDB等の他制度掛金相当額を控除した額）の範囲内で、マッチング拠出が可能。マッチング拠出かiDeCo加入かを加入者ごとに選択することが可能。

※2 企業年金（企業型DC、DB等の他制度）の加入者は、月額2.0万円、かつ、事業主の拠出額（各月の企業型DCの事業主掛金額とDB等の他制度掛金相当額）との合計が月額5.5万円の範囲内で、iDeCoの拠出が可能。公務員についても、同様に、月額2.0万円、かつ、共済掛金相当額との合計が月額5.5万円の範囲内で、iDeCoの拠出が可能。

2 － 6　確定拠出年金の個人型年金の加入者資格④

《問》確定拠出年金の個人型年金の加入者資格に関する次の記述のうち、最も不適切なものはどれか。

1 ）60歳未満の公務員である者は、個人型年金の加入者となることができる。

2 ）公務員の配偶者で国民年金の第 1 号被保険者である者は、個人型年金の加入者となることができる。

3 ）65歳以上の国民年金の任意加入被保険者は、個人型年金の加入者となることができる。

4 ）60歳未満の中小企業退職金共済制度の加入者は、個人型年金の加入者となることができる。

・解説と解答・

1 ）　適切である。

2 ）　適切である。

3 ）　不適切である。2022年 5 月から、原則65歳未満の国民年金の任意加入被保険者もしくは第 2 号被保険者であれば加入できることになった。

4 ）　適切である。なお、小規模企業共済制度の加入者も、個人型年金の加入者となることができる。

正解　 3 ）

2－7　確定拠出年金の個人型年金の拠出限度額①

《問》会社員のＡさんは、勤務先で確定拠出年金の企業型年金に加入（事業主掛金月額２万円）している。確定拠出年金の企業型年金加入者であっても、確定拠出年金の個人型年金に加入できる場合があると聞き、会社に問い合わせたところ、個人型年金に加入可能とのことであった。このためＡさんは、老後の備えとして、妻で国民年金の第３号被保険者であるＢさんとともに、個人型年金に加入（各月拠出）することとした。ＡさんとＢさんの個人型年金の拠出限度額（月額）として、次のうち最も適切な組合せはどれか。なお、Ａさんは企業型年金以外の企業年金には加入していないものとする。
1）Ａさん12,000円、Ｂさん12,000円
2）Ａさん12,000円、Ｂさん23,000円
3）Ａさん20,000円、Ｂさん12,000円
4）Ａさん20,000円、Ｂさん23,000円

・解説と解答・

1）不適切である。
2）不適切である。
3）不適切である。
4）適切である。Ａさんは確定拠出年金の企業型年金と個人型年金との同時加入となり、他の企業年金制度には加入していないため、個人型年金の拠出限度額（月額）は20,000円である（2022年10月から「5.5万円－企業型年金掛金額」で上限は20,000円）。なお、2022年10月の改正においては、事業主掛金が各月の拠出限度額の範囲内での各月拠出になっていない場合（いわゆる年単位化）は、当該企業型年金の加入者は個人型年金に加入することはできないとされている。Ｂさんは国民年金の第３号被保険者であるため、個人型年金の拠出限度額（月額）は23,000円である。

正解　4）

■確定拠出年金（個人型年金）の拠出限度額

国民年金の第 1 号被保険者		月額68,000円
国民年金の第 2 号被保険者 （会社員）	（企業年金等に加入していない）	月額23,000円
	（企業型年金のみに加入している）	月額20,000円
	（企業型年金以外の企業年金に加入している）	月額12,000円※
国民年金の第 2 号被保険者（公務員、私立学校教職員）		月額12,000円※
国民年金の第 3 号被保険者		月額23,000円

※2024年12月より、月額上限が20,000円となる。

2－8　確定拠出年金の個人型年金の拠出限度額②

《問》Ａさんの勤務先では、退職金制度として退職一時金と特定退職金共
　　済制度を導入している。Ａさんは、老後の備えとして、妻で専業主
　　婦のＢさんとともに、確定拠出年金の個人型年金に加入することと
　　した。ＡさんとＢさんの個人型年金の拠出限度額（年額）として、
　　次のうち最も適切な組合せはどれか。
　1）　Ａさん276,000円、Ｂさん276,000円
　2）　Ａさん276,000円、Ｂさん144,000円
　3）　Ａさん144,000円、Ｂさん276,000円
　4）　Ａさん144,000円、Ｂさん144,000円

・解説と解答・

1）適切である。Ａさんは、確定拠出年金の企業型年金や他の企業年金等にも
　加入していないため、個人型年金の拠出限度額（年額）は276,000円であ
　る。Ｂさんは国民年金の第3号被保険者であるため、個人型年金の拠出限
　度額（年額）は276,000円である。

2）不適切である。

3）不適切である。

4）不適切である。

正解　1）

2 － 9　確定拠出年金の個人型年金の拠出限度額③

《問》夫婦で酒屋を営む個人事業主のＡさんは、妻のＢさんとともに確定
拠出年金の個人型年金に加入することを考えている。Ａさんの友人
で公務員のＣさんも興味を示しており、3 人で加入を検討すること
となった。なお、Ａさんのみ国民年金基金に加入しており、掛金を
月額10,000円拠出している。Ａさん、Ｂさん、Ｃさんの個人型年金
の2024年11月の拠出限度額（月額）として、次のうち最も適切な組
合せはどれか。ただし、12月から翌年11月まで、毎月、掛金を拠出
限度額（月額）まで拠出するものとする。
1 ）Ａさん58,000円、Ｂさん68,000円、Ｃさん23,000円
2 ）Ａさん58,000円、Ｂさん68,000円、Ｃさん12,000円
3 ）Ａさん68,000円、Ｂさん23,000円、Ｃさん12,000円
4 ）Ａさん68,000円、Ｂさん23,000円、Ｃさん23,000円

・解説と解答・

1 ）不適切である。
2 ）適切である。国民年金の第 1 号被保険者（自営業者等）は、国民年金基金
に加入している場合、または国民年金の付加保険料を納付している場合
は、それぞれの掛金または付加保険料と合わせて68,000円が拠出限度額
（月額。5,000円以上1,000円単位）となる。Ｃさんは公務員であるため、個
人型年金の拠出限度額は月額12,000円となる。なお、2024年12月より公務
員の拠出限度額は月額20,000円（共済掛金相当額を合算して、月額55,000
円を超えることはできない）となる。
3 ）不適切である。
4 ）不適切である。

正解　2 ）

2－10　確定拠出年金の個人型年金の拠出限度額④

《問》夫婦で花屋を営む個人事業主のAさんは、妻のBさんとともに確定
拠出年金の個人型年金に加入することを考えている。また、子Cさ
ん（公務員）も興味を示しており、3人で加入を検討することと
なった。なお、Aさんは小規模企業共済に加入しており、掛金を月
額30,000円拠出している。Aさん、Bさん、Cさんの個人型年金の
2024年11月の拠出限度額（月額）として、次のうち最も適切な組合
せはどれか。ただし、12月から翌年11月まで、毎月、掛金を拠出限
度額（月額）まで拠出するものとする。
1）Aさん38,000円、Bさん23,000円、Cさん23,000円
2）Aさん38,000円、Bさん38,000円、Cさん12,000円
3）Aさん68,000円、Bさん68,000円、Cさん12,000円
4）Aさん68,000円、Bさん23,000円、Cさん23,000円

・解説と解答・

1）不適切である。

2）不適切である。

3）適切である。国民年金の第1号被保険者（自営業者等）は、国民年金基金
に加入している場合、または国民年金の付加保険料を納付している場合
は、それぞれの掛金または付加保険料と合わせて68,000円が拠出限度額
（月額。5,000円以上1,000円単位）となるが、小規模企業共済への加入は拠
出限度額に影響しない。Cさんは公務員であり、個人型年金の拠出限度額
は月額12,000円となる。なお、2024年12月より、公務員の拠出限度額は月
額20,000円となる。ただし、共済掛金相当額を合算して、月額55,000円を
超えることはできない。

4）不適切である。

正解　3）

2-11　口座維持にかかる手数料等

《問》確定拠出年金の個人型年金の口座管理にかかる手数料等に関する次
　　の記述のうち、最も不適切なものはどれか。
1) 新たに個人型年金の口座を開設する場合、企業年金連合会から手数
　　料として、個人型年金規約に定められた金額が徴収される。
2) 加入者が掛金の拠出を行う場合、国民年金基金連合会に手数料とし
　　て、納付の都度、個人型年金規約に定められた金額が徴収される。
3) 国民年金の未納月が判明した場合等、掛金が還付される場合、国民
　　年金基金連合会に手数料として、個人型年金規約に定められた金額
　　が徴収される。
4) 運営管理機関が徴収する口座管理手数料は、運営管理機関により異
　　なる。

・解説と解答・

1) 不適切である。新たに個人型年金に加入した者や、確定拠出年金の企業型
　　年金からの移換者は、企業年金連合会ではなく、国民年金基金連合会から
　　手数料として、個人型年金規約に定められた一定額が徴収される。
2) 適切である。
3) 適切である。
4) 適切である。

正解　1)

2−12 運用商品にかかる手数料

《問》確定拠出年金の運用商品にかかる手数料に関する次の記述のうち、最も不適切なものはどれか。

1）信託報酬（運用管理費用）は、投資信託の運用・管理に対する対価として、決算日前日の基準価額に基づき計算され、決算日において投資信託の資産から控除される。

2）投資信託を売却した時に信託財産留保額がかかる場合、信託財産留保額は、換金代金から控除される。

3）解約控除は、保険商品を満期前に解約して預替えを行ったときに、市場金利や残存年数に応じて適用される場合がある。

4）元本確保型の保険商品において、適用される解約控除がそれまでの運用利息相当額を上回る場合には、結果として元本を下回ることがある。

・解説と解答・

1）不適切である。信託報酬（運用管理費用）は、投資信託の運用・管理に対する対価として、毎日の基準価額を計算する際に投資信託の資産から差し引かれる。決算日前日の基準価額で計算して一括で控除するものではない。

2）適切である。なお、購入時に信託財産留保額を徴収する投資信託もある。

3）適切である。

4）適切である。

<u>正解　1）</u>

2 － 13　確定拠出年金の個人型年金の仕組み①

《問》次の文章の（　　　）内に入る語句の組合せとして、最も適切なものはどれか。

確定拠出年金の個人型年金への加入手続の受付は、（　①　）から委託を受けた受付金融機関が行っている。加入者は、給与天引きまたは口座振替により掛金を拠出し、（　②　）が提示する運用商品の中から希望する運用商品を選択する。

1 ）①国民年金基金連合会　　　　②事務委託先金融機関
2 ）①国民年金基金連合会　　　　②運用関連運営管理機関
3 ）①企業年金連合会　　　　　　②運用関連運営管理機関
4 ）①企業年金連合会　　　　　　②事務委託先金融機関

・解説と解答・

確定拠出年金の個人型年金への加入手続の受付は、国民年金基金連合会から委託を受けた受付金融機関が行っている。加入者は、給与天引きまたは口座振替により掛金を拠出し、運用関連運営管理機関が提示する運用商品の中から希望する運用商品を選択する。

1 ）不適切である。
2 ）適切である。
3 ）不適切である。
4 ）不適切である。

正解　2 ）

2−14　確定拠出年金の個人型年金の仕組み②

《問》次の文章の（　　　　）内に入る語句の組合せとして、最も適切なものはどれか。

　確定拠出年金の個人型年金の受給権者が、給付金を受け取る場合には、（　①　）に対して給付金の請求を行い、（①）の指示に基づいて、（　②　）が給付を行う。

1）①受付金融機関　　　　　②運用関連運営管理機関
2）①受付金融機関　　　　　②事務委託先金融機関
3）①記録関連運営管理機関　②運用関連運営管理機関
4）①記録関連運営管理機関　②事務委託先金融機関

・解説と解答・

　確定拠出年金の個人型年金の受給権者が、給付金を受け取る場合には、記録関連運営管理機関（レコードキーピング会社、レコードキーパーともいう）に対して給付金の請求を行い、記録関連運営管理機関の指示に基づいて、事務委託先金融機関が給付を行う。

1）不適切である。
2）不適切である。
3）不適切である。
4）適切である。

正解　4）

2 − 15　国民年金基金連合会の役割①

《問》確定拠出年金の個人型年金において、国民年金基金連合会が実施している業務として、次のうち最も不適切なものはどれか。
1 ）拠出限度額の管理
2 ）加入者の資格の確認に係る業務
3 ）加入申出書の受付
4 ）個人型年金に係る規約の策定

・解説と解答・

1 ）適切である。
2 ）適切である。
3 ）不適切である。加入申出書の受付は、受付金融機関が行っている。
4 ）適切である。

正解　3 ）

2－16　国民年金基金連合会の役割②

《問》確定拠出年金の個人型年金において、国民年金基金連合会が実施している業務として、次のうち最も適切なものはどれか。
1）国民年金の保険料の納付の確認
2）給付の裁定
3）運用商品の評価および選定
4）加入申出書の受付

・解説と解答・

1）適切である。
2）不適切である。給付の裁定は、記録関連運営管理機関が実施している。
3）不適切である。運用商品の選定・提示は、運用関連運用管理機関が実施している。
4）不適切である。加入申出書の受付は、受付金融機関が実施している。

正解　1）

2－17　運営管理機関の業務①

《問》確定拠出年金の個人型年金において、一般に運用関連運営管理機関が実施している業務として、次のうち最も適切なものはどれか。
1）加入者等の記録の管理
2）事務委託先金融機関への運用指図
3）運用商品の選定
4）運用指図の取りまとめ

・解説と解答・

1）不適切である。記録関連運営管理機関が実施している。
2）不適切である。記録関連運営管理機関が実施している。
3）適切である。
4）不適切である。記録関連運営管理機関が実施している。

正解　3）

2-18 運営管理機関の業務②

《問》確定拠出年金の個人型年金において、一般に記録関連運営管理機関
　　が実施している業務として、次のうち最も適切なものはどれか。
1) 加入者等への投資教育
2) 事務委託先金融機関への運用指図
3) 運用商品の選定
4) 給付金の支払

解説と解答

1) 不適切である。記録関連運営管理機関は投資教育を実施していない。
2) 適切である。
3) 不適切である。運用関連運営管理機関が実施している。
4) 不適切である。事務委託先金融機関が実施している。

正解　2)

2－19　運営管理機関等の行為準則①

《問》運営管理機関等の行為準則に関する次の記述のうち、最も適切なものはどれか。
1）顧客ごとの特性を考慮して、指図すべき運用商品の助言を行ってもさしつかえない。
2）長期投資や分散投資をすれば必ず利益が出ると説明を行っても、法令上問題はない。
3）個人に対して運用商品の販売を行う者が、運用商品の選定など運用関連運営管理業務を兼務してもさしつかえない。
4）わが国の公的年金制度について説明を行ってもさしつかえない。

・解説と解答・

1）不適切である。加入者等に対して、提示した運用の方法のうち特定のものについて指図を行うこと、または指図を行わないことを勧めるのは禁止されている（確定拠出年金法100条6項）。
2）不適切である。禁止行為である。
3）不適切である。禁止行為である。2019年7月1日より、金融機関等の営業職員における運営管理機関業務の兼務規制が緩和され、運用商品の提示および情報提供などを行うことができるようになるが、運用商品の選定は引き続き営業職員が行うことはできない。
4）適切である。

正解　4）

2－20　運営管理機関等の行為準則②

《問》運営管理機関等の行為準則に関する次の記述のうち、最も適切なも
のはどれか。
1 ）将来的に公的年金の給付額が必ず大幅に減額されると説明して、確
定拠出年金の個人型年金を推奨してもさしつかえない。
2 ）複数の投資性のある運用商品を比較して、どの商品が確実に利益が
見込めるのかを提示してもさしつかえない。
3 ）長期投資や分散投資の考え方とその効果を説明してもさしつかえな
い。
4 ）運用において損失（事故によるものを除く）が発生した場合の補て
んを約束してもさしつかえない。

・解説と解答・

1 ）不適切である。禁止行為である。
2 ）不適切である。禁止行為である。
3 ）適切である。
4 ）不適切である。加入者等の損失の全部もしくは一部を補てんし、または当
該業務に関し生じた加入者等の利益に追加するため、当該加入者等または
第三者に対し、財産上の利益を提供し、または第三者をして提供すること
は禁止されている（確定拠出年金法100条 3 項）。

<u>正解　3 ）</u>

2-21 老齢給付金の受給①

《問》確定拠出年金の老齢給付金の受給開始年齢に関する次の記述のうち、最も適切なものはどれか。
1) 通算加入者等期間が12年の者は、55歳から支給の請求ができる。
2) 通算加入者等期間が7年の者は、61歳から支給の請求ができる。
3) 通算加入者等期間が3年の者は、63歳から支給の請求ができる。
4) 通算加入者等期間が1年6カ月の者は、65歳から支給の請求ができる。

・解説と解答・

1) 不適切である。通算加入者等期間が10年以上の者は、60歳から支給の請求ができる。
2) 不適切である。通算加入者等期間が7年の者は、62歳から支給の請求ができる。
3) 不適切である。通算加入者等期間が3年の者は、64歳から支給の請求ができる。
4) 適切である。

正解 4)

2 −22　老齢給付金の受給②

《問》確定拠出年金の老齢給付金の受給開始年齢に関する次の記述のうち、最も不適切なものはどれか。

1）通算加入者等期間が10年の者は、60歳から支給の請求ができる。
2）通算加入者等期間が 6 年の者は、62歳から支給の請求ができる。
3）通算加入者等期間が 3 年 6 カ月の者は、63歳から支給の請求ができる。
4）通算加入者等期間が 1 カ月の者は、65歳から支給の請求ができる。

・解説と解答・

1）適切である。
2）適切である。
3）不適切である。通算加入者等期間が 3 年 6 カ月の者は、64歳から支給の請求ができる。
4）適切である。

<u>正解　3）</u>

2－23　老齢給付金受給時の留意点①

《問》確定拠出年金の個人型年金における老齢給付金の受給に関する次の
記述のうち、最も不適切なものはどれか。
1 ）老齢給付金を年金で受給する場合、裁定請求書を受付金融機関また
は記録関連運営管理機関に提出する。
2 ）老齢給付金を年金で受給した場合、雑所得として課税対象となり、
公的年金等控除が適用される。
3 ）老齢給付金の受給方法は、個人型年金規約等の定めの範囲内で決定
する。
4 ）老齢給付金を一時金で受給した場合、一時所得として課税対象とな
り、特別控除額を差し引くことができる。

・解説と解答・

1 ）適切である。
2 ）適切である。
3 ）適切である。
4 ）不適切である。老齢給付金を一時金で受給した場合、退職所得として退職
所得控除が適用される。

正解　4 ）

2 −24　老齢給付金受給時の留意点②

《問》確定拠出年金の個人型年金における老齢給付金の受給に関する次の
　　記述のうち、最も不適切なものはどれか。
1）老齢給付金を一時金で受給した場合、退職所得控除が適用される。
2）通算加入者等期間には、加入者期間だけでなく、運用指図者期間も
　　含まれる。
3）年金と一時金を併給することを規約で定めることが可能である。
4）老齢給付金を年金で受給しており、個人別管理資産が残余支給期間
　　に対して過少となった場合、3回まで受給額の算定方法を変更する
　　ことができる。

・解説と解答・

1）適切である。
2）適切である。
3）適切である。
4）不適切である。老齢給付金を年金で受給しており、個人別管理資産が残余
　　支給期間に対して過少となった場合は、1回に限り受給額の算定方法を変
　　更することができる。

正解　4）

2 −25　障害給付金①

《問》確定拠出年金の個人型年金における障害給付金の受給に関する次の記述のうち、最も適切なものはどれか。
1 ）障害給付金は、規約に定められていれば、年金または一時金のどちらでも受給できる。
2 ）障害給付金を年金で受給した場合、雑所得として課税対象となる。
3 ）障害給付金を受給することができるのは、国民年金の障害基礎年金の 1 級に該当する者のみである。
4 ）老齢給付金を年金で受給している者は、障害給付金を受給することができない。

・解説と解答・

1 ）適切である。
2 ）不適切である。障害給付金は非課税である。
3 ）不適切である。障害給付金を受給できるのは、国民年金法30条で定める障害基礎年金の 1 級または 2 級に該当する者等である。
4 ）不適切である。老齢給付金を年金で受給中の者であっても、障害給付金の支給対象に該当し、75歳に達する日の前日までに裁定請求した場合は、障害給付金を受給することができる。

<u>正解　 1 ）</u>

2－26　障害給付金②

《問》確定拠出年金の個人型年金における障害給付金の受給に関する次の
　　記述のうち、最も適切なものはどれか。
　1）障害給付金は、所得税の課税対象とならない。
　2）障害給付金は、一時金でのみ受給することができる。
　3）障害給付金の受給を開始した場合、掛金の拠出はできない。
　4）障害給付金は、60歳に達する日の前日までに裁定請求しなければな
　　らない。

・解説と解答・

1）適切である。
2）不適切である。障害給付金は、規約で定めていれば、年金・一時金のいず
　れでも受給できる。
3）不適切である。障害給付金の受給を開始した場合でも、加入者資格を満た
　していれば掛金の拠出は可能である。
4）不適切である。障害給付金は、75歳に達する日の前日までに裁定請求しな
　ければならない。

正解　1）

2－27　死亡一時金

《問》確定拠出年金の個人型年金における死亡一時金の受給に関する次の
記述のうち、最も不適切なものはどれか。なお、事前に加入者は受
取人を指定していないものとする。

1）加入者等死亡届と死亡一時金裁定請求書は別々に提出することがで
きる。

2）死亡一時金は、加入者もしくは運用指図者であった者に、配偶者が
おらず子と父母（生計維持関係はない）がいる場合は、原則として
子が受給する。

3）死亡一時金として受給するためには、加入者本人が死亡してから5
年以内に請求しなければならない。

4）死亡一時金は、雑所得として課税対象となる。

・解説と解答・

1）適切である。

2）適切である。

3）適切である。

4）不適切である。死亡一時金は、加入者の死亡後3年以内に請求すれば、相
続税法上のみなし相続財産として相続税の課税対象となり、法定相続人1
人当たり500万円までの非課税の対象となる。死亡日から3年を超えて5
年以内に支給される場合は、一時所得として課税対象となる。5年超の場
合は、死亡一時金としてではなく、死亡した者の本来の相続財産として扱
われる。

正解　4）

2-28　脱退一時金①

《問》確定拠出年金の個人型年金における加入者または運用指図者になった者の満たすべき脱退一時金の受給要件として、次のうち最も不適切なものはどれか。
1) 通算拠出期間が5年以下、または個人別管理資産額が25万円以下であること。
2) 確定拠出年金の企業型年金または個人型年金の加入者資格の喪失日から起算して2年を経過していないこと。
3) 65歳未満であること。
4) 確定拠出年金の企業型年金の加入者でないこと。

・解説と解答・

1) 適切である。
2) 適切である。
3) 不適切である。個人型年金の脱退一時金は、60歳未満であることが要件である。
4) 適切である。
※2022年5月に脱退一時金の受給要件の見直しがされ、その内容は以下のとおり。

【改正後の個人型年金の脱退一時金の受給要件】

(1) 60歳未満であること
(2) 企業型年金の加入者でないこと
(3) 個人型年金に加入できない者であること
(4) 日本国籍を有する海外居住者（20歳以上60歳未満）でないこと
(5) 障害給付金の受給権者でないこと
(6) 企業型年金の加入者および個人型年金の加入者として掛金を拠出した期間が5年以内であることまたは個人別管理資産の額が25万円以下であること
(7) 最後に企業型年金または個人型年金の資格を喪失してから2年以内であること

※上記（1）～（7）のいずれにも該当する必要があります。
※上記（3）の「個人型年金に加入できない者」とは以下の方になります。
・国民年金第1号被保険者であって、保険料の免除を申請している、または、生活保護法による生活扶助を受給していることにより国民年金保険料の納付を免除されている方
・日本国籍を有しない海外居住の方

正解　3）

2－29　脱退一時金②

《問》確定拠出年金の個人型年金の加入者または運用指図者になった者の
満たすべき脱退一時金の受給要件として、次のうち最も不適切なも
のはどれか。

1）最後に企業型年金または個人型年金の資格を喪失してから2年以内
であること。

2）通算拠出期間が1カ月以上5年以下、または個人別管理資産額が50
万円以下であること。

3）個人型年金に加入できない者であること。

4）確定拠出年金の障害給付金の受給権者ではないこと。

・解説と解答・

1）適切である（確定拠出年金法62条1項1号、附則3条）。

2）不適切である。通算拠出期間が1カ月以上5年以下、または個人別管理資
産額が25万円以下であることが脱退一時金の受給要件である。

3）適切である。

4）適切である。

正解　2）

2－30　確定拠出年金の個人型年金に係る税金①

《問》確定拠出年金の個人型年金の税金に関する次の記述のうち、最も適
　切なものはどれか。なお、復興特別所得税は考慮しないものとす
　る。
　1）個人型年金は全額が所得控除されるため、会社員の場合、拠出した
　　　年分の年末調整を行うことにより、所得税、住民税ともに、拠出し
　　　た年に還付を受けることができる。
　2）老齢給付金を一時金で受給した場合、退職所得として課税対象とな
　　　り、退職所得控除が適用される。
　3）個人型年金の運用指図者期間は、年金資産から特別法人税が控除さ
　　　れる。
　4）死亡一時金は、公的年金の遺族年金と同様に非課税となる。

・解説と解答・

　1）不適切である。当年分の所得税が還付されるが、住民税は翌年分が軽減さ
　　　れる。
　2）適切である。
　3）不適切である。特別法人税は現在、課税が凍結されているため、年金資産
　　　からの控除はない。
　4）不適切である。公的年金の遺族年金は非課税だが、死亡一時金は、みなし
　　　相続財産として相続税の課税対象となる。

正解　2）

2-31　確定拠出年金の個人型年金に係る税金②

《問》確定拠出年金の個人型年金における税金に関する次の記述のうち、最も適切なものはどれか。なお、復興特別所得税については考慮しないものとする。

1) 個人型年金の掛金拠出に伴う所得控除は、加入者の掛金と加入者と生計を一にする配偶者の掛金をまとめて適用を受けることもできる。

2) 個人型年金の掛金の所得控除額は、一定の計算式に基づいて計算され、最大でその年分の掛金総額の8割となる。

3) 障害給付金は、年金で受給すると雑所得として取り扱われ、一時金で受給すると一時所得として取り扱われる。

4) 老齢給付金を年金で受給すると雑所得として取り扱われ、一時金で受給すると退職所得として取り扱われるが、ともに一定の所得控除を受けることができる。

・解説と解答・

1) 不適切である。小規模企業共済等掛金控除として、加入者本人が拠出した掛金のみが控除の対象となる。なお、社会保険料控除は自己または生計を一にする配偶者、その他親族の負担すべき保険料等を支払った場合も控除対象となる。

2) 不適切である。掛金の全額が所得控除の対象となる。

3) 不適切である。障害給付金は、年金、一時金、いずれの方法で受給した場合でも、課税対象とならない。

4) 適切である。

正解　4)

2－32　確定拠出年金の個人型年金に係る税金③

《問》確定拠出年金の個人型年金の掛金拠出に係る税金に関する次の記述
　のうち、最も適切なものはどれか。
　1）給与天引きで掛金を拠出している者でも、掛金拠出に伴う税金の所
　　　得控除を受けるためには、年末調整の際に、国民年金基金連合会か
　　　ら送付される「小規模企業共済等掛金払込証明書」を事業主に提出
　　　しなければならない。
　2）加入者本人が拠出した掛金は、全額が生命保険料控除の対象とな
　　　る。
　3）掛金は所得控除を受けることができるが、対象となる掛金は、所得
　　　控除を受ける年の1月から12月までに拠出した掛金である。
　4）個人型年金の掛金拠出に伴う所得控除は、加入者または加入者と生
　　　計を一にする者の掛金が対象となる。

・解説と解答・

1）不適切である。給与天引きで掛金を拠出している場合は、事業主が把握し
　ている掛金拠出額に基づいて年末調整が行われる。「小規模企業共済等掛
　金払込証明書」は送付されない。
2）不適切である。加入者本人が拠出した掛金は、全額が小規模企業共済等掛
　金控除の対象となる。
3）適切である。
4）不適切である。小規模企業共済等掛金控除として加入者本人が拠出した掛
　金のみが控除の対象となる。

正解　3）

2－33　確定拠出年金の個人型年金に係る税金④

《問》確定拠出年金の個人型年金の掛金拠出に係る税金に関する次の記述
のうち、最も適切なものはどれか。
1）所得控除の対象となる掛金は、所得控除を受ける年の4月から翌年
　3月に拠出した掛金である。
2）掛金を給与天引きではなく個人で拠出している者が、年末調整で掛
　金拠出に伴う所得控除を受けるためには、国民年金基金連合会から
　送付される「小規模企業共済等掛金払込証明書」を添付のうえ、
　「給与所得者の保険料控除申告書」を事業主に提出する必要がある。
3）掛金拠出に伴う税制メリットは、一般に、掛金額が多いほど、また
　所得が少ないほど大きくなる仕組みとなっている。
4）加入者本人が拠出した掛金は、全額が社会保険料控除の対象とな
　る。

・解説と解答・

1）不適切である。対象となるのは、所得控除を受ける年の1月から12月まで
　に拠出した、および拠出が見込まれる掛金である。
2）適切である。
3）不適切である。掛金拠出に伴う税制メリットは、一般に、掛金が多いほ
　ど、また所得が多いほど大きくなる仕組みとなっている。
4）不適切である。加入者本人が拠出した掛金は、全額が小規模企業共済等掛
　金控除の対象となる。

<u>正解　2）</u>

2－34 確定拠出年金の個人型年金に係る税金⑤

《問》確定拠出年金の個人型年金の給付に係る税金に関する次の記述のうち、最も適切なものはどれか。

1）個人型年金の老齢給付金を一時金で受給した場合の退職所得控除額は、掛金拠出年数が20年以下のときは、掛金拠出年数1年につき40万円であり、掛金拠出年数が1年のときは40万円となる。

2）老齢給付金を年金で受給した際の公的年金等控除額は、受給者の年齢が65歳以上か65歳未満か、および公的年金等の収入金額により計算式が定められている。

3）死亡一時金は相続税の対象となるが、受給時に源泉徴収が行われるため、別途相続税を納付する必要はない。

4）老齢給付金を一時金で受給した場合は退職所得として取り扱われるが、退職所得の金額は、原則として収入金額から退職所得控除の額を差し引いた額である。

・解説と解答・

1）不適切である。退職所得控除は、最低80万円である。なお、老齢給付金を一時金で受け取る年の前年以前の19年以内に退職一時金を受け取っている場合は、退職所得控除額の調整が行われる。

2）適切である。

3）不適切である。源泉徴収は行われないため、相続人が相続税を納付する。

4）不適切である。退職所得の金額は、原則として収入金額から退職所得控除の額を差し引いた額の2分の1で、他の所得と分離して課税される。

正解　2）

2-35　確定拠出年金の個人型年金に係る税金⑥

《問》確定拠出年金の個人型年金における給付に係る税金に関する次の記述のうち、最も適切なものはどれか。

1）退職所得とは、原則として、退職したことに基づいて支払われる一時金等の所得のことであるため、在職中の会社員が個人型年金の老齢給付金を一時金で受給した場合には、当該一時金は退職所得として取り扱われない。

2）死亡一時金は相続税の対象となるが、受取時に源泉徴収が行われるため、別途相続税を納付する必要はない。

3）個人型年金の老齢給付金を一時金で受給した場合、退職所得控除額は、掛金拠出年数により異なるが、最低でも80万円の控除が受けられる。

4）老齢給付金の年金給付は公的年金等に該当するが、公的年金等に係る雑所得の金額は、公的年金の老齢年金などのその他の公的年金等がある場合でも、合算せずにそれぞれの給付の額から公的年金等控除額を差し引いて計算する。

・解説と解答・

1）不適切である。個人型年金では、退職の事実がなくても、退職所得として取り扱われる。

2）不適切である。源泉徴収は行われないため、相続人が相続税を納付する。

3）適切である。

4）不適切である。公的年金等に係る雑所得の金額は、老齢給付金とその他の公的年金等と合算した額から、公的年金等控除額を差し引いて計算する。

正解　3）

2-36　ポータビリティ①

《問》確定拠出年金の個人型年金のポータビリティに関する次の記述のうち、最も適切なものはどれか。

1) 厚生年金基金または確定給付企業年金に加入していた者が、当該制度を脱退して、個人型年金の加入者となった場合であっても、脱退一時金相当額を個人型年金に移換することはできない。

2) 個人型年金から企業型年金に個人別管理資産の移換が行われる場合は、個人別管理資産は現金化されず、個人型年金での運用商品がそのまま移換される。

3) 個人型年金の加入者が、企業型年金のない会社に転職した場合であって、個人型年金に加入し続けるときは、個人型年金の運営管理機関に対する届出は不要である。

4) 個人型年金の加入者が、企業型年金を導入している会社に転職した場合でも、個人型年金への同時加入が可能であり、個人別管理資産を企業型年金に移換せずに、個人型年金の掛金の拠出および運用を続けることもできる。

・解説と解答・

1) 不適切である。①個人型年金の加入者であること、②厚生年金基金または確定給付企業年金の脱退後1年以内に、移換元の厚生年金基金または確定給付企業年金に移換を申し出ること、以上の要件を満たしている場合、移換することができる。

2) 不適切である。個人別管理資産はいったん現金化されるため、個人型年金で行っていた運用指図を続けることはできず、企業型年金で新たに運用商品を選択し、運用指図をしなければならない。

3) 不適切である。個人型年金の運営管理機関に所定の届出をしなければならない。

4) 適切である。転職先で企業型確定拠出年金に加入後も、引続き個人型年金の加入者として掛金を拠出することができる。企業型年金とは別に、加入中の個人型年金を継続する場合は、個人型年金加入者の国民年金に係る被保険者種別、または登録事業所の変更の手続きが必要である。

正解　4)

2－37　ポータビリティ②

《問》確定拠出年金の個人型年金のポータビリティに関する次の記述のうち、最も不適切なものはどれか。

1）個人型年金の加入者が企業型年金のない会社に転職した場合は、個人型年金に加入し続けることができるが、その場合は、個人型年金の運営管理機関に所定の届出をしなければならない。

2）個人型年金の加入者が、転職により企業型年金の加入者になった場合は、個人型年金の個人別管理資産を非課税で企業型年金に移換することができる。

3）個人型年金から企業型年金に個人別管理資産の移換が行われる場合は、個人別管理資産は現金化されず、個人型年金での運用商品がそのまま移換される。

4）企業型年金の加入者であった者が退職し、自営業者になった場合、所定の期間内に個人別管理資産の移換の申出をしなかったときは、原則として、個人別管理資産は国民年金基金連合会に自動移換され、掛金の拠出および運用指図ができない状態になる。

・解説と解答・

1）適切である。国民年金の被保険者種別や登録事業所の変更などの届出が必要となる。

2）適切である。

3）不適切である。個人別管理資産はいったん現金化されるため、個人型年金で行っていた運用指図を続けることはできず、企業型年金で新たに運用商品を選択し、運用指図をしなければならない。

4）適切である。なお、他の企業型年金もしくは個人型年金の口座があり、本人情報が一致する場合は、当該口座に移換される手続が実施されている。

正解　3）

2−38 セーフティネット

《問》確定拠出年金の個人型年金のセーフティネットに関する次の記述の
うち、最も適切なものはどれか。

1）投資信託の運用会社は、運用指図および信託財産の管理を行ってい
るため、運用会社が破綻した場合、個人型年金で運用されている投
資信託の信託財産のうち、投資者保護基金により保護されない1,000
万円を超える部分については、返還されない可能性がある。

2）個人型年金の運用商品を提供している金融機関が破綻した場合で
あって、当該金融機関に個人型年金の定期預金と、それ以外の定期
預金があるときは、個人型年金以外の定期預金を優先して、両者合
わせて、預金者1人につき元本1,000万円までと破綻日までの利息
が保護される。

3）国民年金基金からの委託により個人型年金の年金資産を管理してい
る事務委託先金融機関が破綻した場合、個人型年金の年金資産は、
加入者1人につき、元本1,000万円までと破綻日までの利息の範囲
内で保護される。

4）個人型年金の運用商品として生命保険会社が提供するGIC（利率保
証型保険商品）は、生命保険契約者保護機構による保護の対象とな
るため、商品を提供する生命保険会社が破綻した場合でも、給付額
の全額が補償対象となる。

・解説と解答・

1）不適切である。運用会社では信託財産の管理を行っていないため、全額が
保護される（影響を受けない）。

2）適切である。

3）不適切である。個人型年金の年金資産は他の財産と分別管理されているた
め、全額が保護される。

4）不適切である。補償されるのは原則として責任準備金の90％までであり、
給付額の全額が補償の対象となるわけではない。

<u>正解　2）</u>

2－39　NISA制度と確定拠出年金の個人型年金の相違点①

《問》2024年1月以降のNISA制度（少額投資非課税制度）および確定拠出年金の個人型年金に関する次の記述のうち、最も適切なものはどれか。
1）個人型年金およびNISAのつみたて投資枠は、どちらも元本確保型商品の運用による運用益が非課税になる。
2）NISAは老後の資産形成を目的とした制度であるが、個人型年金は比較的短期間での資産形成に適した制度である。
3）NISAおよび個人型年金は、ともに運用益が非課税となることに加え、運用商品購入時に所得控除を受けることができる制度である。
4）NISAのつみたて投資枠は、無期限で、年間投資枠は毎年120万円であるが、個人型年金では、国民年金の被保険者の種別等により拠出限度額が定められている。

・解説と解答・

1）不適切である。NISAのつみたて投資枠で元本確保型商品を購入することはできない。
2）不適切である。個人型年金は老後の資産形成を目的とした制度である。NISAは個々人のライフプランを踏まえた資産形成に適した制度であり、老後の資産形成のみを目的とするものではない。
3）不適切である。NISAの税制優遇の対象となるのは、NISA口座内における株式・投資信託等の投資から得られる配当金・分配金であり、運用商品購入時に所得控除を受けることはできない
4）適切である。
※2024年以降、NISA制度が見直され、2階建ての新しいNISA制度に変更された。

正解　4）

・新しいNISA制度

令和5年度税制改正の大綱等において、以下のとおり、2024年以降のNISA制度の抜本的拡充・恒久化の方針が示されました。

	つみたて投資枠　（併用可）	成長投資枠
年間投資枠	120万円	240万円
非課税保有期間 (注1)	無期限化	無期限化
非課税保有限度額（総枠）(注2)	1,800万円　※簿価残高方式で管理（枠の再利用が可能）	
		1,200万円（内数）
口座開設期間	恒久化	恒久化
投資対象商品	積立・分散投資に適した一定の投資信託〔旧つみたてNISA対象商品と同様〕	上場株式・投資信託等 (注3)〔①整理・監理銘柄②信託期間20年未満、高レバレッジ型及び毎月分配型の投資信託等を除外〕
対象年齢	18歳以上	18歳以上
旧制度との関係	2023年末までに旧一般NISA及び旧つみたてNISA制度において投資した商品は、新しい制度の外枠で、現行制度における非課税措置を適用　※旧制度から新しい制度へのロールオーバーは不可	

（注1）　非課税保有期間の無期限化に伴い、定期的に利用者の住所等を確認し、制度の適切な運用を担保
（注2）　利用者それぞれの非課税保有限度額については、金融機関から一定のクラウドを利用して提供された情報を国税庁において管理
（注3）　金融機関による「成長投資枠」を使った回転売買への勧誘行為に対し、金融庁が監督指針を改正し、法令に基づき監督及びモニタリングを実施
・2023年末までにジュニアNISAにおいて投資した商品は、5年間の非課税期間が終了しても、所定の手続きを経ることで、18歳になるまでは非課税措置が受けられることとなっているが、今回、その手続を省略することとし、利用者の利便性向上を手当て

2−40　NISA制度と確定拠出年金の個人型年金の相違点②

《問》2024年1月以降のNISA制度（少額投資非課税制度）および確定拠
出年金の個人型年金に関する次の記述のうち、最も適切なものはど
れか。
1）個人型年金では、国民年金の被保険者の種別等により定められた掛
　　金拠出限度額の範囲内で掛金を拠出し、資産を運用することができ
　　るが、NISAでは、NISA口座内であれば、非課税投資できる金額
　　に上限はない。
2）NISAおよび個人型年金は、ともに運用益が非課税となることに加
　　え、運用商品購入時に所得控除を受けることができる制度である。
3）NISAは老後の資産形成を目的とした制度であるが、個人型年金は
　　比較的短期間での資産形成に適した制度である。
4）個人型年金では、元本確保型商品で運用することができるが、
　　NISA口座内で元本確保型商品を購入することはできない。

・解説と解答・

1）不適切である。NISAの投資枠は、恒久的に、つみたて投資枠で年間120万
　　円、成長投資枠で年間240万円である。
2）不適切である。NISAの税制優遇の対象となるのは、NISA口座内におけ
　　る株式・投資信託等の投資から得られる配当金・分配金であり、運用商品
　　購入時に所得控除を受けることはできない。
3）不適切である。個人型年金は長期的な老後の資産形成を目的とした制度で
　　ある。NISAは個々人のライフプランを踏まえた資産形成に適した制度で
　　あり、老後の資産形成のみを目的とするものではない。
4）適切である。

正解　4）

2-41 中小事業主掛金納付制度①

《問》中小事業主掛金納付制度に関する次の記述のうち、最も不適切なものはどれか。
1）中小事業主掛金の額の変更について、回数の制限は設けられていない。
2）中小事業主掛金納付制度を導入した場合、中小事業主は、加入者掛金と中小事業主掛金を取りまとめて納付する必要がある。
3）中小事業主が負担した中小事業主掛金は、損金に算入することができる。
4）中小事業主掛金の額は、職種や勤続期間などの一定の資格ごとに定めることができる。

・解説と解答・

1）不適切である。中小事業主掛金の額の変更は、12月から翌年11月の間に1回のみ行うことができる。なお、変更にあたっては、労使合意をすることが必要となる。
2）適切である。
3）適切である。
4）適切である。

正解　1）

2－42　中小事業主掛金納付制度②

《問》中小事業主掛金納付制度を実施することができる事業主の要件として、次のうち最も不適切なものはどれか。なお、各選択肢において、他の要件は満たしているものとする。
1）確定拠出年金の企業型年金および確定給付企業年金を実施していないこと。
2）従業員（第1号厚生年金被保険者）が400人以下であること。
3）厚生年金基金を実施していないこと。
4）従業員の過半数で組織する労働組合があるときはその労働組合、従業員の過半数で組織する労働組合がないときは従業員の過半数を代表する者に、中小事業主掛金を実施することについて同意を得る（労使合意をする）こと。

・解説と解答・

中小事業主掛金納付制度を実施するには、以下の要件をすべて満たす必要がある。
・従業員（第1号厚生年金被保険者）が300人以下であること。
・確定拠出年金の企業型年金を実施していないこと。
・確定給付企業年金を実施していないこと。
・厚生年金基金を実施していないこと。
・従業員の過半数で組織する労働組合があるときはその労働組合、従業員の過半数で組織する労働組合がないときは従業員の過半数を代表する者に、中小事業主掛金を実施することについて同意を得る（労使合意をする）こと。

1）適切である。
2）不適切である。
3）適切である。
4）適切である。

正解　2）

第3章

資産運用・形成に必要な知識

3－1　分散投資①

《問》分散投資等に関する次の記述のうち、最も不適切なものはどれか。
 1）投資理論においては、通常、金融商品のリスクは、リターンの標準
　　偏差と定義される。
 2）複数の金融商品に分散投資を行った場合、ポートフォリオの期待リ
　　ターン（期待収益率）は、各金融商品の組入比率で加重した平均値
　　となる。
 3）分散投資により、インフレを上回るリターンの獲得が期待できる。
 4）価格が変動する金融商品を、定期的に一定額購入するドル・コスト
　　平均法を採用することで、平均購入単価を引き下げる効果が期待で
　　きる。

・解説と解答・

1）適切である。リターンとは、投資によって得られる収益のことであり、一
　般的にリスクとは、リターンの変動の大きさのことを指す。金融商品の価
　格の変動の幅が広ければ、リスクの高い資産といえる。リスクは資産のリ
　ターンの標準偏差で表され、標準偏差が大きいほどリスクは大きくなる。
2）適切である。ポートフォリオの期待リターン（期待収益率）の計算方法の
　例は以下の通り。
　・期待収益率が20％のA資産と、期待収益率が10％のB資産に6：4の割
　　合で投資する場合の計算
　⇒期待収益率：20％×60％＋10％×40％＝16％
3）不適切である。分散投資によって期待できるのは、ポートフォリオのリス
　ク低減効果である。
4）適切である。ドル・コスト平均法は、価格の安いときは多くの口数、高い
　ときは少ない口数を購入することになるため、毎月同じ口数を購入するよ
　り、平均購入単価を引き下げる効果がある。

<u>正解　3）</u>

3-2 分散投資②

《問》分散投資に関する次の記述のうち、最も不適切なものはどれか。
1) 分散投資において、複数の資産を組み合わせたポートフォリオのリスクは、個別の金融商品のリスクの加重平均を下回ることを期待できる。
2) 分散投資の手法には、投資対象の商品（資産）の分散だけでなく、長期間かつ継続的な投資による時間分散（効果）がある。
3) 分散投資にあたり、投資資金を複数の異なる資産に配分することをアセットアロケーションという。
4) 複数の資産を組み合わせてポートフォリオを作る場合、投資対象間の相関係数が大きいほうが分散投資の効果は高くなる。

・解説と解答・

1) 適切である。ポートフォリオのリスクは、相関係数が1の場合を除き、各組入資産のリスクを組入比率で加重平均した値よりも小さくなる。これを、いわゆる「ポートフォリオ効果」という。
2) 適切である。その他、投資先を複数の国または地域へ分散させる手法もある。
3) 適切である。アセットアロケーション（Asset allocation）とは、運用資産をどの市場（日本株式市場、米国株式市場、日本債券市場、米国債券市場等）に分散投資するかを決定することである。
4) 不適切である。投資対象の分散をする場合には、投資対象間の相関係数が小さいものを組み合わせたほうが分散投資の効果は高くなる。

正解 4)

■相関係数
複数の資産間の値動きの関係を1から−1の数値で表したもの。

+1	資産の変動率や変動の方向が完全に同一。 分散投資によるリスク低減効果は得られない。
±0	資産の変動率や変動の方向が無相関。 相関関係は無いが、リスク低減効果は得られる。
−1	資産の変動率や変動の方向が完全に逆。 分散投資によるリスク低減効果が最大。

3－3　ポートフォリオ

《問》次の文章の（　　　）内に入る語句の組合せとして、最も適切なものはどれか。

> 　ポートフォリオを組成することによる分散投資の効果は、構成銘柄間の相関係数によって異なる。相関係数は、1から－1までの範囲で表され、相関係数が（　①　）に近いほど構成銘柄間の値動きが似ており、相関係数が（　②　）の場合は、構成銘柄間の動きに関連性がないとされる。

1）①1　　　②0
2）①1　　　②－1
3）①－1　　②0
4）①－1　　②1

・解説と解答・

　ポートフォリオを組成することによる分散投資の効果は、構成銘柄間の相関係数によって異なる。相関係数は、1から－1までの範囲で表され、相関係数が1に近いほど構成銘柄間の値動きが似ており、相関係数が0の場合は、構成銘柄間の動きに関連性がないとされる（p.75相関係数の表を参照）。なお、相関係数が－1に近い場合は、構成銘柄間で逆の値動きをする傾向にある。

1）適切である。
2）不適切である。
3）不適切である。
4）不適切である。

正解　1）

3－4　投資信託の投資対象①

《問》投資信託に関する次の記述のうち、最も不適切なものはどれか。
1) 公社債投資信託とは、公社債を中心に運用し、株式を組み入れることができない投資信託をいう。
2) 株式投資信託とは、株式に投資することができる投資信託をいい、約款上、株式に投資できる旨を定めていれば、実際に株式には投資していなくても株式投資信託に該当する。
3) ターゲットイヤー型のライフサイクル・ファンドは、投資家の指図に基づき、ポートフォリオのリスク・商品構成を変更するバランス型のファンドである。
4) 主として日本株式に投資する投資信託であっても、外国の法律に基づいて設定されたものであれば、外国投資信託に該当する。

・解説と解答・

1) 適切である。
2) 適切である。実際には1株でも株式が含まれていれば、株式投資信託に分類されることになる。なお、公社債投資信託とは、投資対象に株式をいっさい組み入れず、投資信託および投資法人に関する法律上、国債・地方債・CP（コマーシャル・ペーパー）等に投資対象が限定されている投資信託のことである。
3) 不適切である。ターゲットイヤー型のライフサイクル・ファンドは、運用会社がファンド毎に満期目標時期を定め、その満期時期に合わせてポートフォリオのリスクを徐々に低減していく（リスク資産から安全資産に配分を変えていく）商品である。通常、投資家は運用期間を決定するだけで、ファンドのスイッチングを行う必要はない。
4) 適切である。逆に、外国の株式・債券等で運用される投資信託であっても、日本国内で設定されたものは国内投資信託とされている。

正解　3)

3－5　投資信託の投資対象②

《問》投資信託に関する次の記述のうち、最も不適切なものはどれか。
1）約款上は株式での運用が可能であっても、実際に株式での運用を行っていなければ、公社債投資信託となる。
2）株式投資信託は、公社債も運用対象となりうる。
3）ファンド・オブ・ファンズは、一般の投資信託と比較して、信託報酬（運用管理費用）が高くなる傾向にある。
4）Ｊ－ＲＥＩＴは、ファンドの運用資産等の総額の70％以上が不動産等の額で占められることなどの要件を満たさなければならない。

・解説と解答・

1）不適切である。公社債投資信託は、株式をいっさい組み入れることができない。約款上、株式での運用ができることになっている投資信託は株式投資信託に分類される。

2）適切である。株式投資信託であっても、株式を中心に運用する「株式型」、株式と債券の両方で運用する「バランス型」、債券で運用する「債券型」がある。なお、債券型の株式投資信託においては、株式の組入れも可能となっている。

3）適切である。ファンド・オブ・ファンズとは、投資信託の一種であり、株式や債券に直接投資するのではなく、2つ以上の投資信託に投資するものである。

4）適切である。Ｊ－ＲＥＩＴとは、多くの投資家から資金を集め、オフィスビルやマンション等の複数の不動産を購入し、その賃貸収入や売却益を投資家に分配する投資信託の一種である。

<u>正解　1）</u>

3－6 投資信託の種類

《問》投資信託の種類に関する次の記述のうち、最も不適切なものはどれ
か。
1）契約型投資信託とは、投資信託委託会社と受託会社の間で締結され
る投資信託契約に基づいて組成される。
2）クローズドエンド型投資信託とは、投資信託の当初募集期間にのみ
購入できる投資信託である。
3）追加型投資信託とは、原則として運用期間中いつでも購入できる投
資信託である。
4）公募投資信託とは、不特定多数の投資家を対象として募集する投資
信託である。

・解説と解答・

1）適切である。そのほか、有価証券等への投資を目的とする会社（投資法
人）を設立し、投資家はその会社の株主となり、運用によって得られた収
益の分配を受け取る形の投資信託である会社型投資信託がある。日本で
は、Ｊ－REIT等に用いられている。
2）不適切である。クローズドエンド型投資信託とは、運用期間中払戻しに応
じない投資信託である。当初募集期間にのみ購入できる投資信託は、単位
型投資信託である。
3）適切である。追加型投資信託に対し、信託期間があらかじめ設定され、当
初の募集期間にしか購入することができない単位型投資信託がある。
4）適切である。公募投資信託に対して、少人数または適格機関投資家等の特
定の投資家向けに募集される私募投資信託がある。

<u>正解 2）</u>

3－7　投資信託の運用手法①

《問》投資信託の運用スタイルに関する次の記述のうち、最も不適切なものはどれか。
1 ）パッシブ運用は、東証株価指数（TOPIX）や日経平均株価などの目標となるベンチマークに連動した運用成果を目指す運用手法である。
2 ）アクティブ運用は、ファンドマネジャーなどが銘柄を選定し、市場平均を上回る運用成果を目指す運用手法である。
3 ）グロース運用とは、売上、利益などが低いが、リスクが低いと見込まれる銘柄に投資する運用手法をいう。
4 ）バリュー運用とは、利益、資産価値などから判断して株価が割安になっている銘柄に投資する運用手法をいう。

・解説と解答・

1 ）適切である。
2 ）適切である。
3 ）不適切である。売上、利益などの成長性が高いと見込まれる銘柄に投資する運用手法をグロース運用という。
4 ）適切である。

解答　3 ）

■運用スタイル

パッシブ運用	目標となるベンチマークと連動する投資成果を目指すもの。
アクティブ運用	目標となるベンチマークを上回る投資成果を目指すもの。
トップダウン・アプローチ	マクロ的な視点で経済環境などを分析し、業種別や国別といった組入比率を決定し、組入銘柄を選択する方法。
ボトムアップ・アプローチ	個別銘柄の選択を重視し、企業ごとの調査分析に基づき投資判断を行う方法。
グロース運用	個別銘柄の成長性を重視し、銘柄選択を行う方法。
バリュー運用	個別銘柄の割安性に注目し、銘柄選択を行う方法。

3−8　投資信託の運用手法②

《問》投資信託の運用スタイルに関する次の記述のうち、最も不適切なものはどれか。

1）パッシブ運用は、ベンチマークに連動した運用成果を目指す運用手法で、パッシブ運用の投資信託のパフォーマンスは、常にベンチマークのリターンに追随するため、個別のファンドのパフォーマンスを管理する必要はない。

2）アクティブ運用とは、ベンチマークとなるインデックスを上回るパフォーマンスを上げることを目標とする運用手法である。

3）マクロ的な視点から経済環境や業種動向などを分析し、業種別組入れ比率などを決定し、そのうえで個別の組入銘柄を決定する手法をトップダウン・アプローチという。

4）企業訪問などにより魅力的な投資対象を選定し、その積み上げによってポートフォリオを構築する手法をボトムアップ・アプローチという。

・解説と解答・

1）不適切である。一般に、運用成績とベンチマークが完全に一致することはないため、通算の運用成績や、ベンチマークとの乖離度を管理する必要がある。

2）適切である（p.80参照）。

3）適切である（p.80参照）。

4）適切である（p.80参照）。

正解　1）

3－9　外貨建金融商品の特徴①

《問》外貨建金融商品に関する次の記述のうち、最も不適切なものはどれ
か。
1）円貨で外貨建金融商品を購入する場合には為替手数料がかかるた
め、購入時と売却時のTTMに変化がなくとも、円ベースでは元本
割れすることがある。
2）外国債券は、すべて外貨建てであるため、為替変動リスクが必ず伴
う。
3）外国の発行体が日本国内で発行する外貨建ての債券は、ショーグン
債と通称される。
4）外貨預金は、預金保険制度の対象ではない。

・解説と解答・

1）適切である。TTMとは、電子仲値相場であり、TTSとTTBの平均値であ
る。毎朝9時55分の為替レートを参考に、金融機関が決定する。TTSと
TTBの差をスプレッドという。
2）不適切である。外国債券には円建てのものもあり、円建ての外国債券につ
いては為替相場の変動リスクがない。
3）適切である。逆に、外国の発行体が日本国内で発行する円建ての債券は、
サムライ債という。
4）適切である。なお、外貨預金は、為替相場の変動による為替リスクを回避
するために為替先物予約を付ける方法がある。

正解　2）

■TTSとTTB

TTS（対顧客電信売相場）	顧客が円を外貨に交換する際の為替レート （購入時に適用される為替レート。仲値（TTM）に為替手数料を加えたレート）
TTB（対顧客電信買相場）	顧客が外貨を円に交換する際の為替レート （利息や満期金の受取時に適用される為替レート。仲値（TTM）から為替手数料を差し引いたレート）

3-10　外貨建金融商品の特徴②

《問》外貨建金融商品に関する次の記述のうち、最も不適切なものはどれか。
1）外貨建金融商品で運用した場合、運用終了時に運用開始時よりも円高となっていたときは、円換算ベースの投資リターンがマイナスとなっている可能性がある。
2）一般に、外国債券とは、発行者、発行市場および通貨の少なくともいずれか1つが外国のものである債券をいう。
3）投資信託の中には、外国債券しか組み入れないファンドであっても、株式投資信託に分類されるファンドもある。
4）無利息かつ外貨決済が可能な外貨普通預金は、預金保険制度による保護の対象となるが、その他の外貨預金は保護対象にならない。

・解説と解答・

1）適切である。
2）適切である。外国債券のうち、非居住者が日本国内で発行・募集した円建ての債券を「サムライ債」という。また、日本以外で発行された円建ての債券を「ユーロ円債」、日本市場で非居住者が発行する外貨建ての債券を「ショーグン債」という。
3）適切である。
4）不適切である。外貨預金はいずれも預金保険制度による保護の対象になっていない。

正解　4）

3−11 投資信託に係るリスク①

《問》投資信託に係るリスク（変動幅）に関する次の記述のうち、最も不
適切なものはどれか。
1）公社債投資信託は、一般に、株式投資信託よりもリスクが低いが、
元本は保証されていない。
2）一般に、日本銀行が金融緩和政策をとると債券価格は上昇するた
め、国内公社債を投資対象とする投資信託の基準価額も上昇する。
3）一般に、景気の悪化局面では債券価格が上昇するため、公社債を主
要投資対象とする投資信託の基準価額も上昇する。
4）一般に、投資信託に組み入れられている債券の残存期間が短いほ
ど、投資信託の基準価額の変動率も大きくなる。

・解説と解答・

1）適切である。公社債投資信託は安全性の高い債券を中心に運用するもので
あるが、金利が上昇すると債券の価格が下がり、元本割れリスクが発生す
るおそれがある。
2）適切である。
3）適切である。
4）不適切である。投資信託に組み入れられている債券の残存期間が短いほ
ど、投資信託の基準価格の変動率は小さくなる。

<u>正解　4）</u>

■経済動向と金利の変動

要因	国内景気		国内物価		外国為替		海外金利		株価	
	好況	不況	上昇	下落	円安	円高	上昇	下落	上昇	下落
金利	↗	↘	↗	↘	↗	↘	↗	↘	↗	↘

■金利変動と債券価格の関係

金利	債券価格	利回り
上昇	下落	上昇
下落	上昇	下落

■金利変動と債券価格の変動の大きさ

固定利付債と変動利付債	固定利付債のほうが変動利付債よりも価格変動幅は大きい。
表面利率	表面利率が低い債券のほうが、表面利率の高い債券よりも価格変動幅は大きい。
残存期間	残存期間が長いほうが、残存期間の短い債券よりも価格変動幅は大きい。

3－12　投資信託に係るリスク②

> 《問》投資信託に係るリスク（変動幅）に関する次の記述のうち、最も不
>   適切なものはどれか。
> 1）一般に、公社債投資信託と比較して、株式投資信託のほうが基準価
>   額の変動率が大きい。
> 2）一般に、投資対象銘柄が少ない株式投資信託は、個別銘柄の変動の
>   影響が大きくなるため、投資対象とする個別企業の業績の影響が強
>   くなる。
> 3）投資信託に組み入れられる株式や債券に係る主なリスクの1つとし
>   て、信用リスクがある。
> 4）一般に、投資信託に組み入れられている債券のクーポンが高いほ
>   ど、投資信託の基準価額の変動率も大きくなる。

・解説と解答・

1）適切である。
2）適切である。
3）適切である。投資信託における市場リスクとは、株式や債券等の価格が変
　 動し、投資元本を割り込むリスクをいう。また、為替変動リスクや外国の
　 株式や債券を組み入れている場合、その発行体の所在する国・地域の政
　 治・経済環境の変化による信用リスクも存在する。
4）不適切である。債券のクーポンが高いほど、投資信託の基準価額の変動率
　 は小さくなる。

正解　4）

3 - 13　投資信託の仕組み

> 《問》委託者指図型の投資信託の仕組みに関する次の記述のうち、最も不
> 　　　適切なものはどれか。
> 　1 ）銀行、証券会社などの販売会社の役割は、投資信託の販売や換金、
> 　　　分配金・償還金の支払の取扱いなどである。
> 　2 ）委託者である投資信託運用会社は、受託者である信託銀行に対し
> 　　　て、信託財産の運用の指図を行う。
> 　3 ）受託者である信託銀行は、株式や債券などの売買や管理を行い、投
> 　　　資信託に係る信託財産を自己の固有財産と合算して管理する。
> 　4 ）受益者から集められた資金は、販売会社を経て、受託者によって保
> 　　　管・管理される。

・解説と解答・

1 ）適切である。

2 ）適切である。

3 ）不適切である。受託者である信託銀行は、投資信託に係る信託財産を自己
　　の固有財産とは分別して管理する必要がある。

4 ）適切である。

正解　3 ）

■契約型投資信託（委託者指図型）の仕組み

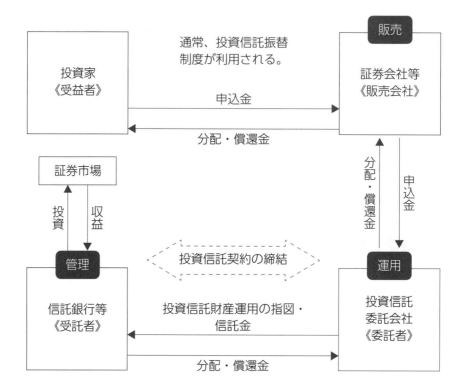

3－14　株式投資指標①

《問》株式投資に係る指標に関する次の記述のうち、最も不適切なものはどれか。
1）株価収益率（PER）は、株価を1株当たり当期純利益で割って算出し、この数値が低いほど株価は割安と判断される。
2）配当利回りは、1株当たり配当金の額が一定である場合、株価が上昇するほど高くなる。
3）自己資本利益率（ROE）は、税引後純利益を自己資本で除すことで求められ、株主にとって、資本効率を測る指標といえる。
4）配当性向の数値が高いほど、多くの純利益を株主に還元していることを示す。

解説と解答

1）適切である。
2）不適切である。配当利回りは、株価が上昇するほど低くなる。
3）適切である。
4）適切である。

正解　2）

■投資指標

PER （株価収益率）	$\dfrac{\text{株価}}{\text{1株当たり純利益}}$（倍）	数値が低いほど、一株当たり利益に対する株価は割安と判断される。
PBR （株価純資産倍率）	$\dfrac{\text{株価}}{\text{1株当たり純資産}}$（倍）	数値が低いほど、一株当たり純資産に対する株価は割安と判断される。
ROE （自己資本利益率）	$\dfrac{\text{税引後純利益}}{\text{自己資本}} \times 100$（％）	数値が高いほど、自己資本の運用効率が高い。
配当利回り	$\dfrac{\text{1株当たり配当金}}{\text{株価}} \times 100$（％）	数値が高いほど、株式の利回りが高い。
配当性向	$\dfrac{\text{配当金}}{\text{税引後利益}} \times 100$（％）	数値が高いほど、株主に利益を還元している。

3－15　株式投資指標②

《問》株価2,000円、1株当たり純資産1,000円、1株当たり税引後純利益200円、1株当たり配当金100円の株式会社における各種の株価指標等を計算した場合、次のうち最も不適切なものはどれか。なお、純資産、自己資本および株主資本はすべて等しいものとする。
1) 株価収益率（PER）10倍
2) 株価純資産倍率（PBR）2倍
3) 配当利回り5％
4) 自己資本利益率（ROE）10％

・解説と解答・

1) 適切である。PER＝株価÷1株当たり税引後純利益＝10倍
2) 適切である。PBR＝株価÷1株当たり純資産＝2倍
3) 適切である。配当利回り＝1株当たり配当金÷株価＝5％
4) 不適切である。ROE＝1株当たり税引後純利益÷1株当たり純資産＝20％

正解　4)

3 －16　株価指数

《問》国内株式の株価指数に関する次の記述のうち、最も適切なものはどれか。

1 ）日経平均株価は、東京証券取引所が算出している株価平均型の株価指数であり、対象銘柄は、流動性や業種等のバランスを考慮して選ばれる。
2 ）東証株価指数（TOPIX）は、その算出方法として、浮動株時価総額加重方式を採用している。
3 ）日経平均株価は、東京証券取引所のスタンダード市場上場銘柄の中から、日本を代表する225銘柄を対象として算出される。
4 ）東証株価指数（TOPIX）は、東京証券取引所に上場する内国普通株式全銘柄を対象として算出される。

・解説と解答・

1 ）不適切である。日経平均株価は日本経済新聞社が算出している。
2 ）適切である。東証株価指数（TOPIX）は、原則として東京証券取引所プライム市場の全銘柄の時価総額を指数化して株式市場全体の動きを表すものであり、東京証券取引所が発表している。
3 ）不適切である。2022年 4 月 4 日より、東京証券取引所の市場区分が変更され、プライム市場、スタンダード市場、グロース市場の 3 市場となった。日経平均株価の算出対象銘柄は、東京証券取引所プライム市場上場銘柄である。
4 ）不適切である。東証株価指数（TOPIX）の構成銘柄については、2022年 4 月 4 日以降の市場区分の再編に伴い、段階的に見直される。

正解　2 ）

3−17 目論見書と運用報告書

《問》投資信託の目論見書と運用報告書に関する次の記述のうち、最も不適切なものはどれか。
1）投資信託の交付目論見書は、ファンドの基本情報、投資方針、投資リスク、手数料等および税金などが記載されており、投資信託説明書ともいう。
2）投資信託委託会社が作成する目論見書には、投資信託の販売後に投資者に対して遅滞なく交付しなければならない交付目論見書と、投資者から交付の請求があった場合に直ちに交付しなければならない請求目論見書がある。
3）投資信託委託会社は、定期的に交付運用報告書を作成し、原則として、販売会社を通じて投資家に交付しなければならない。
4）交付運用報告書は、運用状況に関する重要な事項を記載したもので、書面による交付が原則であるが、個別の投資家の同意がある場合には電磁的方法による提供も認められる。

・解説と解答・

1）適切である。交付目論見書（投資信託説明書）とは、投資信託についての投資判断に必要な重要事項を説明した書類のことであり、投資信託を購入する前に必ず投資家に手渡される。
2）不適切である。交付目論見書は、投資家が投資信託を購入する際にあらかじめまたは同時に交付しなければならない。
3）適切である。交付運用報告書には、運用経過の説明、今後の運用方針、委託会社からのお知らせ、当該投資信託の概要、代表的な資産クラスとの騰落率の比較、当該投資信託のデータが記載されている。
4）適切である。交付運用報告書は、投資信託約款において、運用報告書に記載すべき事項を電磁的方法により提供する旨を定めていれば、その内容を運用会社のホームページに掲載するなどの投資家にとってアクセスしやすい方法も認められている。

正解　2）

3−18　投資信託のディスクロージャー①

《問》次の文章の（　　　　）内に入る語句の組合せとして、最も適切なものはどれか。

> 委託者指図型投資信託の運用報告書は、（　①　）が作成し、（　②　）に交付される。

1）①販売会社　　　　　②委託者
2）①販売会社　　　　　②受益者
3）①投資信託委託会社　②受託者
4）①投資信託委託会社　②受益者

・解説と解答・

　委託者指図型投資信託の運用報告書は、投資信託委託会社が作成し、受益者に交付される。

　投資信託委託会社は、原則として運用報告書を決算期末ごとに作成し、販売会社を通じて受益者（投資家）に交付するよう法律で義務付けられている。決算期間が6カ月未満の投資信託の運用報告書であれば、6カ月に一度作成される。

1）不適切である。
2）不適切である。
3）不適切である。
4）適切である。

正解　4）

3-19 投資信託のディスクロージャー②

《問》次の文章の（　　　　）内に入る語句として、最も適切なものはどれか。

　法令上、毎月決算される投資信託（MMFを除く）の運用報告書の作成頻度は（　　　　）に1回とされる。

1）1カ月
2）3カ月
3）6カ月
4）1年

● 解説と解答 ●

1）不適切である。

2）不適切である。

3）適切である。運用報告書の作成頻度は、計算期間ごとが原則であるが、計算期間が6カ月未満のもののうちMMF以外のものについては6カ月ごと、MMFは1年ごととされている。なお、MRFについては、運用報告書の作成は義務付けられていない。

4）不適切である。

正解　3）

3 -20　債券投資等

《問》債券投資等に関する次の記述のうち、最も不適切なものはどれか。

1 ）一般に、格付がBB格相当以上の債券は、投資適格債券という。

2 ）債券の格付は、債券の元利金支払の確実性を民間の格付業者が評価し、格付したものである。

3 ）一般に、他の条件が同じであれば、格付が高い債券ほど利回りが低い。

4 ）同一の債券に対する格付であっても、格付会社によって格付が異なることがある。

・解説と解答・

1 ）不適切である。一般に、債券の格付がBB格相当以下の債券を投機的格付債券といい、BBB格相当以上の債券を投資適格債券という。

2 ）適切である。

3 ）適切である。

4 ）適切である。

正解　1 ）

■格付投資情報センターの長期個別債務格付の定義

AAA	信用力は最も高く、多くの優れた要素がある。
AA	信用力はきわめて高く、優れた要素がある。
A	信用力は高く、部分的に優れた要素がある。
BBB	信用力は十分であるが、将来環境が大きく変化する場合、注意すべき要素がある。
BB	信用力は当面問題ないが、将来環境が変化する場合、十分注意すべき要素がある。
B	信用力に問題があり、絶えず注意すべき要素がある。
CCC	債務不履行に陥っているか、またはその懸念が強い。債務不履行に陥った債権は回収が十分には見込めない可能性がある。
CC	債務不履行に陥っているか、またはその懸念がきわめて強い。債務不履行に陥った債権は回収がある程度しか見込めない。
C	債務不履行に陥っており、債権の回収もほとんど見込めない。

(※)「長期個別債務格付」とは、個々の債務（債券やローンなど）の支払の確実性（信用力）についてのR＆Iの意見で、この格付は、債務不履行となる可能性と回収の可能性（債務不履行時の損失の可能性）の両方が含まれる。契約の内容や回収の可能性などを反映し、発行体格付を下回る、または上回ることがある。

　　AA格からCCC格については、上位格に近いものにプラス（＋）、下位格に近いものにマイナス（－）の表示をすることがある。

資料：株式会社格付投資情報センターホームページ

3-21　債券の利回り計算

《問》表面利率が0.6%、残存期間が3年の固定利付債券を額面100円当たり101.20円で購入し、償還された場合の最終利回りとして、正しいものはどれか。なお、手数料、経過利子、税金等は考慮しないものとし、解答は表示単位の小数点以下第3位を四捨五入するものとする。また、「▲」はマイナスを意味するものとする。

1）▲0.60%
2）▲0.20%
3）0.20%
4）0.59%

・解説と解答・

$$
最終利回り（\%）= \frac{年利子 + \dfrac{額面（100円）- 購入価格}{残存年数}}{購入価格} \times 100
$$

1年分の利子　　：額面100円×0.6％＝0.6円
1年当たりの差益：（償還価格100.00円－購入価格101.20円）／所有期間3年
　　　　　　　　　＝▲0.4円
1年間の収益合計：利子0.6円＋差益▲0.4円＝0.2円
利回り（％）＝（収益合計0.2円／投資金額101.20円）×100＝0.197…≒0.20％
（小数点以下第3位四捨五入）

<u>正解　3）</u>

3−22　単利と複利

《問》単利運用と複利運用に関する次の記述のうち、最も不適切なものは
　　どれか。
　1）単利運用とは、当初運用し始めた際の元本の金額で固定して運用
　　　（再投資）をし続ける方法である。
　2）複利運用とは、当初運用し始めた際の元本の金額に、投資で得た利
　　　益も合算して運用（再投資）していく方法である。
　3）その他の条件が同じである場合、運用期間が短いほど、複利運用よ
　　　り単利運用のほうが有利となる。
　4）利率がプラスで付利される頻度が2回以上ある場合に、単利運用と
　　　複利運用とを比較すると、元利合計額は複利運用のほうが大きくな
　　　る。

・解説と解答・

　単利運用は、元本のみに利息が付く方式であるが、複利運用は、利息を元本
に組み入れて利息を計算する。つまり、複利運用は金利が高いほど、運用期間
が長いほど効果が大きくなる。
1）適切である。
2）適切である。
3）不適切である。運用期間の長短にかかわらず、単利運用が有利になること
　　はない。また、運用期間が長いほど、複利運用のほうが有利になる。
4）適切である。

正解　3）

3 −23　複利運用の計算①

《問》元金100万円を、年利4％、1年複利で3年間運用した場合の3年後の元利合計額として、次のうち最も適切なものはどれか。なお、税金、手数料等は考慮しないものとする。

1）1,120,000円

2）1,124,864円

3）1,126,162円

4）1,126,825円

・解説と解答・

1年複利の場合の計算式は以下の通り。

・元金×（1＋年利率÷100）^{年数}＝元利合計

1）不適切である。

2）適切である。1,000,000円×（1.04）^{3}＝1,124,864円

3）不適切である。

4）不適切である。

正解　2）

3 −24　複利運用の計算②

《問》元金100万円を、年利４％、半年複利で２年間運用した場合の２年
　　　後の元利合計額として、次のうち最も適切なものはどれか。なお、
　　　計算にあたっては１円未満を切捨てとし、税金、手数料等は考慮し
　　　ないものとする。
　1 ）1,080,000円
　2 ）1,081,600円
　3 ）1,082,016円
　4 ）1,082,432円

・ 解説と解答 ・

　半年複利の場合の計算式は以下の通り。

・元金 $\times \left(1 + \dfrac{\text{年利率}}{2} \right)^{\text{年数}\times 2}$ ＝元利合計

1 ）不適切である。
2 ）不適切である。
3 ）不適切である。
4 ）適切である。年率４％を半年複利で２年間運用する場合、半年の利率２％
　　で４回複利計算を行う。

　　1,000,000円 $\times$ （1.02）^{4} ≒1,082,432円

正解　4 ）

3-25　係数の利用①

《問》毎年10万円を積み立てることを10年間継続して、複利運用した場合、10年後の元利合計額として、次のうち最も適切なものはどれか。また、運用利率は10年間にわたって年2％で変わらないものとし、下記の係数表を用いて計算すること。

係数表（運用利率：年2％、期間10年）

年金終価係数	年金現価係数	終価係数	現価係数
10.9497	8.9826	1.2190	0.8203

1）1,090,000円
2）1,094,970円
3）1,113,263円
4）1,195,093円

・解説と解答・

1）不適切である。
2）適切である。毎期定額を積み立て、一定期間後の運用結果（元利合計額）がいくらになるかは、年金終価係数の数値を積立金額に乗ずることで求めることができる。
3）不適切である。
4）不適切である。

正解　2）

■6つの係数

係数	概要
①終価係数	現在の金額から将来の元利合計を求めるときに使用。
②現価係数	将来一定額を得るために現在必要な金額を求めるときに使用。
③年金終価係数	毎年の積立額から将来の元利合計を求めるときに使用。
④減債基金係数	将来の目標額を貯めるために必要な毎年の積立額を求めるときに使用。
⑤年金現価係数	希望する年金額（返済額）を受け取るために必要な年金原資（借入可能額）を求めるときに使用。
⑥資本回収係数	年金原資（借入額）から毎年の年金額（返済額）を求めるときに使用。

3 −26 係数の利用②

《問》今後15年間、運用しながら毎年10万円の年金を受け取る場合、当初
積み立てておかなければならない金額として、次のうち最も適切な
ものはどれか。なお、運用利率は15年間にわたって年2％で変わら
ないものとし、下記の係数表を用いて計算すること。

係数表（運用利率：年2％、期間15年）

年金終価係数	年金現価係数	終価係数	現価係数
17.2934	12.8493	1.3459	0.7430

1）1,729,340円
2）1,500,000円
3）1,345,900円
4）1,284,930円

・解説と解答・

1）不適切である。
2）不適切である。
3）不適切である。
4）適切である。運用しながら一定の受取（＝年金）額を取り崩すために必要
な金額は、その受取額に年金現価係数を乗ずることで求めることができ
る。

100,000円×12.8493＝1,284,930円

<u>正解 4）</u>

3－27　投資収益率の計算①

《問》投資収益率が、4期間にわたり下記のように推移した場合、算術平均での投資収益率として、次のうち最も適切なものはどれか。

1期間目	2期間目	3期間目	4期間目
2％	4％	6％	－10％

1）2％
2）0.5％
3）0.3％
4）0％

・解説と解答・

1）不適切である。
2）適切である。

　　算術平均による投資収益率は、各期のリターンを単純に平均することによって計算される。

　　算術平均の定義から次のように計算される。

　　｛2％＋4％＋6％＋（－10％）｝÷4＝0.5％

3）不適切である。
4）不適切である。

正解　2）

3 −28 投資収益率の計算②

《問》投資元本100万円が、4期間にわたり下記のように推移した場合、
算術平均での投資収益率として、次のうち最も適切なものはどれ
か。なお、計算にあたっては%表示の小数点以下第3位を四捨五入
すること。

1期間目	2期間目	3期間目	4期間目
101万円	102万円	98万円	100万円

1) 0.00％
2) 0.03％
3) 0.11％
4) 0.25％

・解説と解答・

1) 不適切である。
2) 適切である。各期の投資収益率は、以下のようになる。
　　1期間目：（101万円÷100万円−1）×100＝1.00％
　　2期間目：（102万円÷101万円−1）×100＝0.99％
　　3期間目：（98万円÷102万円−1）×100＝−3.92％
　　4期間目：（100万円÷98万円−1）×100＝2.04％
　　算術平均による投資収益率は、以下のとおり。
　　｜1％＋0.99％＋（−3.92％）＋2.04％｝÷4＝0.027…％
3) 不適切である。
4) 不適切である。

正解　2）

3 −29　パフォーマンス評価①

《問》ポートフォリオＡの無リスク資産利子率（無リスク金利）が 1 ％、
　　　平均リターンが 4 ％、リスクが 3 ％であったときのシャープ・レシ
　　　オとして、次のうち最も適切なものはどれか。
 1 ） 0.33
 2 ） 0.66
 3 ） 1.00
 4 ） 1.33

・解説と解答・

 1 ） 不適切である。
 2 ） 不適切である。
 3 ） 適切である。
　　　　シャープ・レシオは、次のように計算される。
　　　（ 4 ％ − 1 ％） ÷ 3 ％ ＝ 1.00
 4 ） 不適切である。

正解　3 ）

■シャープ・レシオ（シャープの測度）
　シャープ・レシオは、以下のように計算することができる。

$$\text{シャープ・レシオ} = \frac{\text{ポートフォリオの収益率} - \text{無リスク資産利子率}}{\text{ポートフォリオの収益率の標準偏差（リスク）}}$$

3-30 パフォーマンス評価②

《問》次の文章の（　　　　）内に入る語句として、最も適切なものはどれか。

パフォーマンス評価の一つである（　　　　）は、ベンチマークからの超過リターン（アクティブ・リターン）を、アクティブ・リターンの標準偏差で除して求める。

1）シャープ・レシオ
2）ジェンセンのアルファ
3）ベータ
4）インフォメーション・レシオ

● 解説と解答 ●

1）不適切である。シャープ・レシオは、無リスク金利と比較した超過リターンを、標準偏差（リスク）で除して求めるリスク対比リターンの計算である。

2）不適切である。ジェンセンのアルファとは、主にCAPM（キャップエム）によって計算される期待リターン対比での超過リターンである。

3）不適切である。ベータとは、個々の証券等の収益が市場全体の動きに対してどの程度連動して反応するかを示す数値である。

4）適切である。インフォメーション・レシオとは、ベンチマーク（ポートフォリオの運用実績を評価する基準。日本株式の場合は日経平均やTOPIXなど）に対するポートフォリオの超過収益率をトラッキングエラーで除して算出されるものである。数値が大きいほどよく、一般的にこの値が0.5以上であれば優良なポートフォリオとされている。

<u>正解　4）</u>

3－31　ドル・コスト平均法①

《問》A社の株価が下記のように推移した場合に、ドル・コスト平均法により、1回当たり9万円の投資金額でA社株式を買い付けたときの合計取得株数として、次のうち最も適切なものはどれか。なお、A社株は1株単位で購入できるものとする。

	1期間目	2期間目	3期間目	4期間目
	500円	400円	450円	600円

1）600株
2）720株
3）739株
4）755株

・解説と解答・

　ドル・コスト平均法は、有価証券等を定期的に購入することにより、毎回の投資金額を一定額とする手法である。価格の安いときには多くの量、価格が高いときには少なく買い付けることになる。これを継続することにより、購入単価（簿価）を平準化することができる。

1）不適切である。
2）不適切である。
3）不適切である。
4）適切である。それぞれの取得株式数を計算すると以下のようになる。

　　株価500円のとき　→　90,000円÷500円/株＝180株
　　株価400円のとき　→　90,000円÷400円/株＝225株
　　株価450円のとき　→　90,000円÷450円/株＝200株
　　株価600円のとき　→　90,000円÷600円/株＝150株
　　これらを合計すると、取得株式数は755株

正解　4）

3－32　ドル・コスト平均法②

《問》基準価額が下記のように推移した投資信託を、ドル・コスト平均法により、一定額（25万円）で取得した場合の平均取得価額として、次のうち最も適切なものはどれか。なお、計算にあたっては、1円未満の端数が生じる場合は、円未満切捨てとする。

購入時期	第1回	第2回	第3回	第4回	第5回
購入単価	6,250円	6,250円	10,000円	10,000円	12,500円

1）6,250円
2）8,333円
3）9,000円
4）9,141円

・解説と解答・

1）不適切である。
2）適切である。

毎回25万円ずつ購入すると、各回の購入口数は以下のとおりとなる。
・第1回：250,000円÷6,250円＝40口
・第2回：250,000円÷6,250円＝40口
・第3回：250,000円÷10,000円＝25口
・第4回：250,000円÷10,000円＝25口
・第5回：250,000円÷12,500円＝20口
したがって、購入口数は150口となる。
平均購入単価は、次のようにして求めることができる。

平均購入単価＝購入金額÷購入口数

（250,000×5回）÷（150口）≒8,333円

3）不適切である。
4）不適切である。

正解　2）

3-33　主要な経済指標①

《問》景気動向指数に関する次の記述のうち、最も不適切なものはどれ
か。
　1）景気動向指数は、財務省が毎月公表しており、経済活動での重要か
　　　つ景気に敏感に反応する指標の動きを統合することにより作成され
　　　ている。
　2）景気動向指数にはCI（コンポジット・インデックス）があり、主
　　　に景気変動の大きさやテンポ（量感）を測定することを主な目的と
　　　し、一般に、CI一致指数の動きと景気の転換点は一致する傾向に
　　　ある。
　3）景気動向指数にはDI（ディフュージョン・インデックス）があり、
　　　景気の各経済部門への波及の度合いを測定することを主な目的とし
　　　ている。
　4）景気動向指数には、先行指数、一致指数および遅行指数の3つの指
　　　数がある。

・解説と解答・

1）不適切である。景気動向指数は、内閣府が毎月公表している指標である。
2）適切である。
3）適切である。
4）適切である。

正解　1）

■景気動向指数
　内閣府が毎月集計・公表している景気動向指数には、景気変動の大きさや
テンポ（量感）を測定することを目的としているCI（コンポジット・インデッ
クス）と、景気の各経済部門への波及の度合いを測定することを目的として
いるDI（ディフュージョン・インデックス）がある。また、景気動向指数に
は以下の系列がある。

先行系列（11系列）	景気に先行して動く。
一致系列（10系列）	景気とほぼ一致して動く。
遅行系列（9系列）	景気に遅れて動く。

3-34　主要な経済指標②

《問》各種経済指標に関する次の記述のうち、最も不適切なものはどれ
か。
1）国内総生産（GDP）とは、国内で一定期間内に生産されたモノや
サービスの付加価値の合計額であり、日本企業が海外支店等で生産
したモノやサービスの付加価値は含まない。
2）日銀短観とは、日本銀行が全国の約1万社を対象に景気の現状や先
行きの見通しなどについてアンケート調査を行い、その結果を集
計・分析したものである。
3）全国消費者物価指数とは、全国の世帯が購入する家計に係る財およ
びサービスの価格変動等に関する指標で、「国内企業物価指数」、
「輸出物価指数」、「輸入物価指数」の3指数がある。
4）マネーストック統計の指標であるM1は、「現金通貨＋預金通貨
（預金通貨の発行者は、全預金取扱機関）」で定義される。

・解説と解答・

1）適切である。
2）適切である。日銀短観は、正式名称は全国企業短期経済観測調査であり、
全国の企業動向を的確に把握し、金融政策の適切な運営に資することを目
的としている。
3）不適切である。（全国）消費者物価指数（CPI）には、総合指数として、
「総合指数」、「生鮮食品を除く総合指数（コアCPI）」、「生鮮食品及びエネ
ルギーを除く総合指数（コアコアCPI）」の3種類があり、「国内企業物価
指数」、「輸出物価指数」、「輸入物価指数」は企業物価指数に含まれる指数
である。
4）適切である。マネーストック統計の指標には、M_1、M_2、M_3および広義
流動性の4種類がある。

正解　3）

3－35　金利の動き①

《問》次の文章の（　　　）内に入る語句の組合せとして、最も適切なものはどれか。

> 　国債が大量に発行されると、一般に、国債の価格が（　①　）し、金利の（　②　）につながる傾向にある。また、債券の他の条件が同じであれば、残存期間が（　③　）ほど、金利の変化に対する債券価格の変動幅は大きくなる。

1) ①上昇　②下落　③長い
2) ①上昇　②上昇　③短い
3) ①下落　②上昇　③長い
4) ①下落　②下落　③短い

・解説と解答・

1) 不適切である。
2) 不適切である。
3) 適切である。国債を大量に発行すると、一般に、国債の価格が下落し、金利の上昇につながる傾向にある。また、債券の他の条件が同じであれば、残存期間が長いほど、金利の変化に対する債券価格の変動幅は大きくなる。
4) 不適切である。

正解　3)

3-36　金利の動き②

《問》次の文章の（　　　）内に入る語句の組合せとして、最も適切なものはどれか。

> 景気回復局面では、一般に、個人消費や設備投資など資金需要が増加し、金利は（　①　）する。景気が過熱気味になり、インフレになると、さらに資金需要が増加して金利が（①）するが、一方でインフレ対策として、中央銀行が金利（政策金利）を（　②　）と、モノやサービスへの購買意欲が減退し、個人消費が抑えられ、企業の売上が減少するようになる。

1）①上昇　②引き上げる
2）①上昇　②引き下げる
3）①下落　②引き上げる
4）①下落　②引き下げる

・解説と解答・

1）適切である。景気回復局面では、一般に、個人消費や設備投資など資金需要が増加し、金利は上昇する。景気が過熱気味になり、インフレになると、さらに資金需要が増加して金利が上昇するが、一方でインフレ対策として、中央銀行が金利を引き上げると、モノやサービスへの購買意欲が次第に減退し、個人消費が抑えられ、企業の売上が減少するようになる。

2）不適切である。
3）不適切である。
4）不適切である。

正解　1）

3−37　アセット・アロケーション

《問》アセット・アロケーションに関する次の記述のうち、最も不適切な
ものはどれか。
1）アセット・アロケーションとは、投資資金を複数の資産クラス（株
式、債券および不動産等）に配分することである。
2）アセット・アロケーションの最適化には、運用者の年齢や保有資産
はもとより、運用者のリスク許容の把握も重要である。
3）運用期間を通して、定められた各資産クラスの投資金額の配分比率
を維持する方法の一つとして、値上がりした資産クラスを売却し、
値下がりした資産クラスを購入するリバランスという方法がある。
4）設定したアセット・アロケーションと実際の資産構成が乖離してい
ないかを頻繁に見直し、乖離が認められる場合には、その都度リバ
ランスを行って是正しなければならない。

●解説と解答●

　アセット・アロケーション（資産配分）とは、運用資産ごとのリターン、リ
スク、そして相関係数を勘案し、複数の運用資産を組み合わせる際の資産配分
のことである。
1）適切である。
2）適切である。
3）適切である。
4）不適切である。頻繁に見直し、その都度リバランスを行うと、発生するコ
　ストが大きくなってしまう。

正解　4）

iDeCoの推進・提案

4−1　ケース別アドバイス①

《問》Ａさんは、勤務先で導入されている確定拠出年金の企業型年金に加
　　　入しているが、Ａさん夫婦の老後の資産形成等の手段として、確定
　　　拠出年金の個人型年金にも興味を持っている。そこで、金融機関の
　　　担当者のＳさんに、個人型年金について相談した。Ｓさんの説明に
　　　関する次の記述のうち、最も不適切なものはどれか。なお、Ａさん
　　　およびＡさんの家族の情報は以下のとおりであるとし、それ以外の
　　　条件は考慮しないこととする。

〔Ａさんおよび家族の情報〕
Ａさん：37歳　会社員
　　　　　企業型年金に加入（現時点までの加入期間は10年、各月拠出）
　　　　　マッチング拠出（従業員拠出）が導入され、Ａさん自身もマッ
　　　　　チング拠出を行っている。
妻Ｂ　：35歳　国民年金の第３号被保険者
　　　　　無収入。結婚前に５年間、企業型年金に加入していた。
　　　　　結婚した８年前から現在まで、運用指図者となっている。
長男Ｃ：７歳　小学生

1）「Ａさまが加入している企業型年金では、マッチング拠出が導入さ
　　れているため、Ａさまは個人型年金に加入することはできません」
2）「Ｂさまは個人型年金に加入することができますが、掛金を拠出す
　　る際には、Ｂさまが無収入であっても、Ｂさま名義の口座から振り
　　替えなければなりません」
3）「Ｂさまが現時点で個人型年金に加入した場合は、60歳から老齢給
　　付金を受け取ることができますが、加入せずにこのまま運用指図を
　　続けた場合は、受取開始は63歳以降となります」
4）「Ａさまが掛金を負担して、Ｃさま名義で個人型年金に加入するこ
　　とはできません」

・解説と解答・

1）適切である。
2）適切である。
3）不適切である。Bは企業型年金の加入者期間が5年あり、8年前から現時
　　点まで運用指図を行っているため、個人型年金に加入しない場合でも、60
　　歳から老齢給付金を受け取ることができる。老齢給付金の受給に必要な通
　　算加入者等期間には、運用指図者期間も含まれる。
4）適切である。

正解　3）

4－2　ケース別アドバイス②

《問》Aさんは、勤務先で導入されている確定拠出年金の企業型年金に加入している（マッチング拠出は導入しておらず、勤務先に他の企業年金はない）が、Aさん夫婦の老後の資産形成等の手段として、確定拠出年金の個人型年金にも興味を持っている。そこで、金融機関の担当者のSに、個人型年金について相談した。Sの説明に関する次の記述のうち、最も適切なものはどれか。なお、AさんおよびAさんの家族の情報は以下のとおりであるとし、それ以外の条件は考慮しないこととする。

〔Aさんおよび家族の情報〕

Aさん：51歳　会社員

企業型年金に加入（現時点までの加入期間は10年、2万円を各月拠出）

Aさんの勤務先では、個人型年金への同時加入が可能である。

妻B　：51歳　国民年金の第3号被保険者

無収入。確定拠出年金に加入したことはない。

長男C：21歳　大学生

申請により、国民年金の保険料の納付を猶予されている。

1）「Aさまは個人型年金に加入することができますが、1カ月当たりの個人型年金の掛金の拠出限度額は、68,000円から企業型年金における掛金を控除した額となります」

2）「Bさまは個人型年金に加入することができますが、現時点で加入した場合、60歳時点での個人型年金の加入者期間が10年未満になるため、老齢給付金の受給を開始できるのは61歳以降となります」

3）「Bさまは個人型年金に加入することができますが、AさまがBさまの掛金を代わりに拠出した場合は、Aさまが、Bさまの掛金の全額に相当する額の所得控除を受けることができます」

4）「Cさまは国民年金の第1号被保険者に該当するため、国民年金の保険料の納付を猶予されてはいますが、個人型年金には加入することができます」

・解説と解答・

1）不適切である。確定拠出年金の企業型年金の加入者が個人型年金に事業主
　　掛金と同額までかつ、加入者掛金と事業主掛金の合計額が拠出限度額以下
　　となる必要があり、同時加入する場合の個人型年金での1カ月当たりの掛
　　金の拠出限度額は、Aさんの場合、月額2万円となる。

2）適切である。

3）不適切である。個人型年金は、加入者本人に限り所得控除の対象となる。

4）不適切である。国民年金保険料の納付を猶予されている場合は、個人型年
　　金に加入することができない。

正解　2）

4－3　ケース別アドバイス③

《問》会社員のＡさん（35歳）は、確定拠出年金の企業型年金に加入しているが、今月末で退職することが決まっている。転職先では企業型年金を実施していないため、個人型年金に加入することを検討している。そこでＡさんは、個人型年金の運営管理機関が運営しているコールセンターに、個人型年金に係る手数料や手続等について問い合わせた。コールセンターの担当者Ｂの説明に関する次の記述のうち、最も不適切なものはどれか。

1）「個人型年金に加入する際は、国民年金基金連合会から手数料が徴収されます」
2）「個人型年金に加入すると、国民年金基金連合会、運営管理機関、事務委託先金融機関から手数料が徴収されますが、そのうち運営管理機関が徴収する手数料は、どの運営管理機関でも同じ金額です」
3）「個人型年金に加入して、確定拠出年金の企業型年金の個人別管理資産を個人型年金に移換する場合、個人別管理資産はいったん現金化されます」
4）「個人型年金において投資信託を運用商品とする場合、購入時手数料は、原則としてかかりません」

●解説と解答●

1）適切である。
2）不適切である。運営管理機関が徴収する手数料の額は、運営管理機関により異なる。国民年金基金連合会が徴収する手数料は、運営管理機関によらず掛金納付の都度105円（税込）となる（加入者および運用指図者となった場合、初回に2,829円（税込）が徴収される）。
3）適切である。
4）適切である。

正解　2）

4－4　ケース別アドバイス④

《問》会社員のAさん（35歳）は、勤務先で企業年金等が導入されておらず、確定拠出年金の個人型年金に加入していたが、今月末で、勤務先を退職することとなった。転職先では、確定給付企業年金を実施しており、引き続き個人型年金に加入することを検討しており、転職先での個人型年金への加入にあたって、手続の有無等、また、運営管理機関の変更も検討しているため、運営管理機関の変更に係る留意点などについて知りたいと考えている。そこでAさんは、個人型年金の運営管理機関のコールセンターに問い合わせた。コールセンターの担当者Bの説明に関する次の記述のうち、最も不適切なものはどれか。なお、Aさんは現在の勤務先および転職先において、厚生年金保険の被保険者である。

1）「所定の届出をすることにより、運営管理機関を変更することは可能ですが、運営管理機関を変更する場合、個人別管理資産はいったん現金化されます」
2）「転職に伴って掛金の拠出限度額が変わりますので、従前の掛金額が拠出限度額を超える場合には、掛金額を変更する必要がありますが、掛金の変更に際して手数料はかかりません」
3）「ご勤務先が変わることについては、所定の届出をする必要があります」
4）「転職された後に、仮に、お手続等を失念されて、拠出限度額を超えて掛金が拠出されていた場合などには、限度額を超えていた部分については還付されますが、還付時に手数料は徴収されません」

・解説と解答・

1）適切である。
2）適切である。
3）適切である。
4）不適切である。還付時にも国民年金基金連合会等から還付手数料1,048円（税込）がその都度徴収される。

正解　4）

【巻末資料】確定拠出年金制度について（法令解釈通知：2022年10月1日現在）

確定拠出年金制度について

（平成 13 年 8 月 21 日年発第 213 号
厚生労働省年金局長から地方厚生（支）局長宛通知）

改正　平成 14 年 3 月 29 日年発第 0329010 号
〃　　平成 16 年 8 月 24 日年発第 0824001 号
〃　　平成 16 年 10 月 1 日年発第 1001003 号
〃　　平成 17 年 8 月 10 日年発第 0810001 号
〃　　平成 18 年 3 月 27 日年発第 0327009 号
〃　　平成 19 年 9 月 28 日年発第 0928003 号
〃　　平成 22 年 2 月 26 日年発 0226 第 4 号
〃　　平成 23 年 11 月 28 日年発 1128 第 1 号
〃　　平成 25 年 3 月 29 日年発 0329 第 4 号
〃　　平成 27 年 9 月 30 日年発 0930 第 8 号
〃　　平成 28 年 3 月 31 日年発 0331 第 25 号
〃　　平成 28 年 11 月 22 日年発 1122 第 7 号
〃　　平成 29 年 3 月 21 日年発 0321 第 5 号
〃　　平成 29 年 4 月 28 日年発 0428 第 2 号
〃　　平成 30 年 1 月 11 日年発 0111 第 2 号
〃　　平成 30 年 7 月 24 日年発 0724 第 3 号
〃　　令和 2 年 9 月 30 日年発 0930 第 29 号
〃　　令和 3 年 7 月 28 日年発 0728 第 3 号
〃　　令和 3 年 9 月 27 日年発 0927 第 1 号

　確定拠出年金法（平成 13 年法律第 88 号）並びにこれに基づく政令及び省令に関し、別紙の
とおり、解釈を定めたので、十分了知するとともに、企業型年金規約の承認等の実施に当た
っては、事業主等の関係者に対し別紙の内容について十分な説明や適正な指導等を期せられ
たい。

（別紙）

確定拠出年金法並びにこれに基づく政令及び省令について（法令解釈）

第1　企業型年金規約の承認基準等に関する事項

　企業型確定拠出年金（以下「企業型年金」という。）の規約の承認基準については、確定拠出年金法（平成13年法律第88号。以下「法」という。）第4条第1項並びに確定拠出年金法施行令（平成13年政令第248号。以下「令」という。）第5条及び第6条に規定されているところであるが、次に掲げる事項については、それぞれ次のとおりとすること。
1．企業型年金加入者とすることについての「一定の資格」の内容
　　実施事業所の従業員（企業型年金を実施する厚生年金適用事業所に使用される第一号等厚生年金被保険者をいう。以下同じ。）が企業型年金加入者となることについて企業型年金規約で法第3条第3項第6号の「一定の資格」を定めたときは、当該資格を有しない者は企業型年金加入者としないが、当該資格を定めるに当たっては次のとおりとし、「短時間・有期雇用労働者及び派遣労働者に対する不合理な待遇の禁止等に関する指針」（平成30年厚生労働省告示第430号）の「基本的な考え方」を踏まえること。

（1）「一定の資格」として定めることができる資格とは、次の①から④に掲げる資格であり、これら以外のものを「一定の資格」として定めることは、基本的には特定の者に不当に差別的な取扱いとなるものであること。
　　①　「一定の職種」
　　　　「一定の職種」に属する従業員のみを企業型年金加入者とすること。この場合において、「職種」とは、研究職、営業職、事務職などの労働協約又は就業規則その他これらに準ずるもの（以下「労働協約等」という。）において規定される職種をいい、これらの職種に属する従業員に係る給与及び退職金等の労働条件が他の職種に属する従業員の労働条件とは別に規定されているものであること。
　　②　「一定の勤続期間」
　　　　実施事業所に使用される期間（いわゆる勤続期間）のうち、「一定の勤続期間以上（又は未満）」の従業員のみを企業型年金加入者とすること。なお、見習期間中又は試用期間中の従業員については企業型年金加入者としないことができるものであること。
　　③　「一定の年齢」
　　　　「一定の年齢未満」の従業員のみを企業型年金加入者とすること。

　（注）確定拠出年金は従業員の老後の所得確保を図るための制度であって、「一定の年齢」を60歳より低い年齢とすることはできない。ただし、企業型年金の開始時又は企業型年金加入者の資格取得日に50歳以上の従業員は、自己責任で運用する期間が短く、また、60歳以降で定年退職してもそのときに給付を受けられないという不都合が生じるおそれがあることから、50歳以上の一定の年齢によって加入資格を区分し、当該一定の年齢以上の従業員を企業型年金加入者とせずに、当該一定の年齢未満の従業員のみを企業型年金加入者とすることはできるものであること。
　　④　「希望する者」

従業員のうち、「企業型年金加入者となることを希望した者」のみを企業型年金加入者とすること（この場合にあっては、企業型年金加入者がその資格を喪失することを任意に選択できるものではないこと。）。

（2）企業型年金加入者とすることについて「一定の資格」を定める場合、基本的には、
　ア　上記（1）の①及び②に掲げる場合においては、企業型年金加入者とならない従業員については、厚生年金基金（加算部分）、確定給付企業年金又は退職手当制度（退職手当前払制度を含む。以下同じ。）が適用されていること。
　イ　上記（1）の③（注）ただし書及び④に掲げる場合においては、企業型年金加入者とならない従業員については、確定給付企業年金（④に掲げる場合に限る。）又は退職手当制度が適用されていること。
　とするとともに、これらの制度において企業型年金への事業主掛金の拠出に代わる相当な措置が講じられ、企業型年金加入者とならない従業員について不当に差別的な取扱いを行うこととならないようにすること。

（3）労働協約等における給与及び退職金等の労働条件が異なるなど合理的な理由がある場合にあっては、企業型年金加入者の資格を区分（グループ区分）することができること。

２．事業主掛金に関する事項
（1）「定額」の内容
　　事業主掛金について、「定額」とする場合には、基本的には、当該企業型年金加入者の全員が同額の事業主掛金額となるようにしなければならないこと。
（2）「給与」の具体的な内容
　　法第4条第1項第3号中の「給与」とは、以下の基準に該当するものとすること。
　①　「給与」は、給与規程若しくは退職金規程又はこれらに準ずるものに定められたものを使用することを原則とするが、年金制度のために特別に定められた給与であっても、事業主による恣意性が介入するおそれがないと認められるもの（厚生年金基金及び確定給付企業年金において認められているポイント制により算出した給与を含む。）については、給与規程若しくは退職金規程又はこれらに準じるものに定めることにより、法第4条第1項第3号の給与とすることができること。
　②　役職手当、特殊勤務手当、技能手当等毎月一定額が支給され本来基準内賃金と見なされる給与については、法第4条第1項第3号の給与とすることができること。
　③　厚生年金保険の標準報酬月額を法第4条第1項第3号の給与とすることができること。その際、標準報酬月額に標準賞与額に相当するものを加えることも可能とすること。
　④　就業規則又は労働協約に日給者及び月給者の区分が明定されている場合において、日給の月給換算は就業規則又は労働協約の定めによるものとし、その定めがない

　　場合は、20〜30倍の範囲で換算するものとすること。
（3）「その他これに類する方法」の内容
　　　法第4条第1項第3号中の「その他これに類する方法」とは、定額と給与に一定の率を乗ずる方法により算定した額の合計額により算定する方法をいうものであること
（4）企業型年金加入者間で事業主掛金額に差を設ける場合にあっては、「短時間・有期雇用労働者及び派遣労働者に対する不合理な待遇の禁止等に関する指針」の「基本的な考え方」を踏まえ、労働協約等における給与及び退職金等の労働条件が異なるなど事業主掛金額に差を設けることにつき合理的な理由があること。
（5）労使合意により給与等を減額した上で、当該減額部分を事業主掛金として拠出し企業型年金の個人別管理資産として積み立てるか、給与等への上乗せで受け取るかを従業員が選択する仕組みを実施するに当たっては、社会保険・雇用保険等の給付額にも影響する可能性を含めて、事業主は従業員に正確な説明を行う必要があること。
（6）企業型掛金拠出単位期間（令第10条の2に規定する企業型掛金拠出単位期間をいう。以下同じ。）を同条ただし書の規定により区分した期間（以下この（6）から（8）までにおいて「拠出区分期間」という。）を定める場合は、拠出区分期間は月単位で区分けするものとすること。
（7）拠出区分期間は、企業型掛金拠出単位期間につき1回のみ変更することができるものであること。1回の拠出区分期間の変更において、あらかじめ翌企業型掛金拠出単位期間に係る拠出区分期間の変更を含めて指定を行うことは複数回の変更になるため認められないこと。
（8）企業型掛金拠出単位期間の途中で、既に事業主掛金を拠出した拠出区分期間（この（8）において「既拠出期間」という。）を含めて拠出区分期間を変更する場合にあっては、当該企業型掛金拠出単位期間においては、既拠出期間は拠出区分期間の指定から除外されたものとみなすこと。
（9）企業型年金加入者がその加入者資格を喪失することに伴い事業主掛金を拠出する場合における事業主掛金の額の算定方法は、その拠出に係る期間の月数に応じ、企業型掛金拠出単位期間における事業主掛金の見込み額の総額を勘案して令第6条第2号に掲げる要件に従い不当に差別的なものでないよう定めなければならないこと。
（10）事業主掛金を以下のいずれかにより拠出する場合、企業型年金加入者は個人型年金に加入することができないこと。
　　①　事業主掛金を企業型掛金拠出単位期間を1月ごとに区分した期間ごとに拠出する方法以外の方法により拠出すること
　　②　各拠出区分期間に拠出する事業主掛金の額が令第11条各号に掲げる企業型年金加入者の区分に応じて当該各号に定める額を超えて拠出すること

3．企業型年金加入者掛金に関する事項

（1）企業型年金加入者が企業型年金加入者掛金を拠出できることを企業型年金規約に定
　　める場合は、当該掛金の拠出は、企業型年金加入者自らの意思により決定できるもの
　　でなければならないこと。

（2）企業型年金加入者が企業型年金加入者掛金を拠出できることを企業型年金規約に定
　　める場合は、企業型年金加入者掛金を拠出するか、個人型年金に加入し個人型年金加
　　入者掛金を拠出するかを自らの意思により決定できるものでなければならないこと。
　　ただし、企業型年金加入者掛金を拠出する企業型年金加入者は個人型年金に加入する
　　ことができないこと。また、個人型年金に加入し個人型年金加入者掛金を拠出する企
　　業型年金加入者は企業型年金加入者掛金を拠出することができないこと。

（3）企業型年金加入者掛金の額は、複数の具体的な額から選択できるようにしなければ
　　ならないこと。ただし、実施する企業型年金が簡易企業型年金である場合は、企業型
　　年金加入者掛金の額を単一のものとすることも可能であること。

（4）企業型年金加入者掛金の額を複数設定する場合は、加入者が拠出できる最大の範囲
　　で企業型年金加入者掛金の額が設定できるよう努めなければならないこと。

（5）企業型年金加入者掛金の拠出の方法について、企業型掛金拠出単位期間を令第10条
　　の4ただし書の規定により区分した期間（以下この（5）から（8）までにおいて「拠
　　出区分期間」という。）を定める場合は、拠出区分期間は月単位で区分けするものとし、
　　一以上の拠出区分期間を選択できるようにすること。なお、平成30年1月より前から
　　企業型年金加入者掛金を拠出することができる企業型年金にあっては、当該選択とし
　　て毎月の拠出区分期間を含めるなど、従来の毎月拠出による拠出方法を踏まえ、労使
　　による協議を十分に行った上で定めること。

（6）企業型年金加入者掛金の額及び拠出区分期間の変更に関する取扱いは、以下のとお
　　りであること。

　　①　企業型年金加入者掛金の額及び拠出区分期間は、企業型掛金拠出単位期間につき
　　　それぞれ1回のみ変更することができるものであること。

　　②　令第6条第4号ハ中の「変更」は、実施事業所ごとに管理されるものであり、企業
　　　型年金加入者の移動前の実施事業所での企業型年金加入者掛金の額の変更は、移動
　　　後の実施事業所での企業型年金加入者掛金の額の変更には含まれないこと。拠出区
　　　分期間の変更も同様であること。

　　③　1回の企業型年金加入者掛金の額又は拠出区分期間の変更において、あらかじめ
　　　翌企業型掛金拠出単位期間に係る企業型年金加入者掛金の額又は拠出区分期間の変
　　　更を含めて指定を行うことは複数回の変更になるため認められないこと。

　　④　企業型掛金拠出単位期間の途中で、既に企業型年金加入者掛金を拠出した拠出区
　　　分期間（この④において「既拠出期間」という。）を含めて拠出区分期間を変更する
　　　場合にあっては、当該企業型掛金拠出単位期間においては、既拠出期間は拠出区分期
　　　間の指定から除外されたものとみなす。

⑤　令第6条第4号ハ又は確定拠出年金法施行規則（平成13年厚生労働省令第175号。
以下「施行規則」という。）第4条の2第1号から第3号に掲げる場合は、あらかじ
め、企業型年金規約に定めるときは、加入者から事業主に対する変更の指図は不要で
あること。

　　ただし、企業型年金加入者掛金の額を指図なしに変更を行った場合は、当該加入
者に対し速やかにこれを報告するものであること。

⑥　施行規則第4条の2第5号に掲げる場合は、企業型年金加入者がその加入者資格
を喪失することに伴い企業型年金加入者掛金を拠出する場合における企業型年金加
入者掛金の額について、資格を喪失しなかった場合の当該期間を含む拠出に係る期
間の拠出予定額から、当該額を資格を喪失した場合の拠出に係る期間の月数で按分
した額に変更する場合であること。

（7）「不当に差別的なものでないこと」の内容

　　令第6条第2号及び第4号イ中の「不当に差別的なものでないこと」とは、例えば、
次に掲げる場合について該当しないものであること。

①　一定の資格（職種・勤続期間・年齢）を設けて、企業型年金加入者掛金の額又は拠
出区分期間の決定又は変更方法等に差を付けること。

②　事業主返還において、企業型年金加入者掛金の拠出があるにもかかわらず企業型
年金加入者であった者への返還額が零であること。

（8）「不当に制約されるものでないこと」の内容

　　令第6条第4号ニ中の「不当に制約されるものでないこと」とは、企業型年金加入者
の意思を正確に反映されないものであり、例えば、次に掲げる場合について該当しない
ものであること。

①　企業型年金加入者掛金の額又は拠出区分期間の指定がなかった者は、特定の企業
型年金加入者掛金の額又は拠出区分期間を選択したものとすること。

②　企業型年金加入者掛金の額が毎年自動的に増加又は減少することを設けること。

4．事務費の負担に関する事項

　　企業型年金規約においては、事務費の負担に関する事項として、次に掲げる事項を記
載するものとすること。

（1）確定拠出年金運営管理機関に運営管理業務を委託した場合における当該確定拠出年
金運営管理機関に係る事務費の額又はその算定方法、その負担の方法（事業主の負担
割合と企業型年金加入者等の負担割合に関することを含む。）

（2）資産管理機関に係る事務費の額又はその算定方法、その負担の方法（事業主の負担
割合と企業型年金加入者等の負担割合に関することを含む。）

（3）法第22条に係る措置に要する費用の額又はその算定方法、その負担の方法

（4）法第25条第4項に係る措置に関し、それに要する費用が必要な場合における当該費

用の負担の方法（事業主の負担割合と企業型年金加入者等の負担割合に関することを
含む。）

5．厚生年金基金、確定給付企業年金等からの資産の移換に関する事項
　　厚生年金基金、確定給付企業年金、中小企業退職金共済法（昭和34年法律第160号）
　の規定による退職金共済（以下「退職金共済」という。）又は退職手当制度から企業型年
　金に資産を移換する場合においては、企業型年金規約に、次に掲げる事項を記載するも
　のとすること。
（1）企業型年金に資産を移換する厚生年金基金、確定給付企業年金、退職金共済又は退
　　　職手当制度の種別
（2）資産の移換の対象となる企業型年金加入者の範囲
（3）個人別管理資産に充てる移換額
（4）通算加入者等期間に算入すべき期間の範囲
（5）企業型年金への資産の受入れ期日
（6）退職手当制度から資産の移換を受ける場合にあっては、当該資産の移換を受ける最
　　　後の年度

6．厚生年金基金等からの脱退一時金相当額等の移換に関する事項
　　　企業型年金に厚生年金基金及び確定給付企業年金の脱退一時金相当額並びに企業年金
　連合会の年金給付等積立金若しくは積立金（以下「脱退一時金相当額等」という。）を移
　換する場合においては、企業型年金規約に、個人別管理資産に充てる移換額、加入者等
　が通算加入者等期間に算入すべき算定基礎期間の範囲を記載するものとすること。

7．企業型年金から確定給付企業年金等への個人別管理資産の移換に関する事項
　　　企業型年金から確定給付企業年金、企業年金連合会又は退職金共済に個人別管理資産
　を移換する場合においては、企業型年金規約に、次に掲げる事項を記載するものとする
　こと。
（1）個人別管理資産を移換する制度の種別
（2）個人別管理資産の移換に伴い通算加入者等期間から控除される期間の範囲
（3）企業型年金から退職金共済へ個人別管理資産を移換する場合にあっては、法第54
　　　条の6に規定する合併等として施行規則第31条の5に規定する行為を行った期日及
　　　び当該合併等により個人別管理資産を移換する旨（個人別管理資産の移換期日を含
　　　む。）

8．実施事業所が二以上の場合の簡易企業型年金の要件
　　　事業主が同一である二以上の厚生年金適用事業所において使用する企業型年金加入者

の資格を有する者の総数が 300 人を超える場合は、法第 3 条第 5 項第 2 号の要件に該当しないものであること。

9．企業型年金規約の備置き及び閲覧に関する事項

　　法第 4 条第 4 項の規定に基づき、事業主は、企業型年金規約を実施事業所ごとに備え置き、その使用する第一号等厚生年金被保険者（法第 9 条第 2 項第 2 号に該当する者を除く。）の求めに応じ、これを閲覧させていること。

　　なお、

- ・　施行規則第 4 条の 3 に規定する電磁的方法による規約の備置きとは、社内イントラネット等において規約を掲示するような方法をいうこと。
- ・　同一の規約で複数事業主が加入する企業型年金の場合は、他の事業主に関する内容を開示すると、加入者が混乱することも考えられることから、事業主が企業型年金規約を開示する際には当該事業主の事業所に関わる部分のみ開示して差し支えないこと。

10．規約の変更内容がすべての実施事業所に係るものでない場合の当該変更に係る事項

　　法第 5 条第 3 項ただし書の規定に基づき、当該変更に係る実施事業所以外の実施事業所について同意があったものとみなすことができる場合については、規約において、あらかじめ、当該変更に係る事項を定めているときに限るものとし、当該変更に係る事項としては、実施事業所の名称、加入資格、掛金又は運営管理手数料等の定めがあること。

11．企業型年金規約の申請に当たって添付する書類に係る留意点

　　厚生年金適用事業所の第一号等厚生年金被保険者（法第 9 条第 2 項第 2 号に該当する者を除く。）の過半数を代表する者として正当に選出された者であることの証明書（施行規則様式第 6 号）に掲げる「5．選出方法」については、投票、挙手、労働者の話し合い、持ち回り決議等の別、選出が行われた日時（期間）、選出の経過（結果）を記載するものであること。

第 2　中小事業主掛金に関する事項

1．中小事業主の要件

　　法第 55 条第 2 項第 4 号の 2 に規定する中小事業主の要件については、下記のいずれも満たすものであること。

（1）企業型年金、確定給付企業年金及び厚生年金基金を実施していない厚生年金適用事業所の事業主であること。

（2）同一事業主が 2 以上の厚生年金適用事業所において実施する場合は、全ての厚生年金適用事業所において使用される第一号厚生年金被保険者の総数が 300 人以下である

こと。

2．中小事業主掛金の拠出の対象となる者についての「一定の資格」の内容
（1）中小事業主掛金の拠出の対象となる者について法第 68 条の2第2項の「一定の資格」を定めることができるが、当該資格を定めるに当たっては次のとおりとし、「短時間・有期雇用労働者及び派遣労働者に対する不合理な待遇の禁止等に関する指針」の「基本的な考え方」を踏まえること。
　　　「一定の資格」として定めることができる資格とは、次の①又は②に掲げる資格であり、これら以外のものを「一定の資格」として定めることは、基本的には特定の者に不当に差別的な取扱いとなるものであること。
　　①　「一定の職種」
　　　　「一定の職種」に属する加入者（厚生年金適用事業所に使用される第一号厚生年金被保険者であって、個人型年金加入者であるものをいう。）のみを中小事業主掛金の拠出の対象となる者とすること。この場合において、「職種」とは、研究職、営業職、事務職などの労働協約等において規定される職種をいい、これらの職種に属する加入者に係る給与及び退職金等の労働条件が他の職種に属する加入者の労働条件とは別に規定されているものであること。

　　②　「一定の勤続期間」
　　　　当該厚生年金適用事業所に使用される期間（いわゆる勤続期間）のうち、「一定の勤続期間以上（又は未満）」の加入者のみを中小事業主掛金の拠出の対象となる者とすること。なお、見習期間中又は試用期間中の加入者については中小事業主掛金の拠出の対象となる者としないことができるものであること。

（2）労働協約等における給与及び退職金等の労働条件が異なるなど合理的な理由がある場合にあっては、資格を区分（グループ区分）することができること。

3．「不当に差別的なものでないこと」の内容
　　令第 29 条第4号イ中の「不当に差別的なものでないこと」については、「短時間・有期雇用労働者及び派遣労働者に対する不合理な待遇の禁止等に関する指針」の「基本的な考え方」を踏まえ、労働協約等における給与及び退職金等の労働条件が異なるなど中小事業主掛金額に差を設けることにつき合理的な理由があること。

4．中小事業主掛金の拠出に当たって届け出る書類に係る留意点
　　厚生年金適用事業所の第一号厚生年金被保険者の過半数を代表する者として正当に選出された者であることの証明書（施行規則様式第 16 号）に掲げる「5．選出方法」につ

いては、投票、挙手、労働者の話し合い、持ち回り決議等の別、選出が行われた日時（期間）、選出の経過（結果）を記載するものであること。

第3　資産の運用に関する情報提供（いわゆる投資教育）に関する事項

1．基本的な考え方

（1）確定拠出年金は、我が国の年金制度において、個々の加入者等が自己責任により運用し、その運用結果によって給付額が決定される初めての制度である。確定拠出年金が適切に運営され、老後の所得確保を図るための年金制度として国民に受け入れられ、定着していくためには、何よりも増して加入者等が適切な資産運用を行うことができるだけの情報・知識を有していることが重要である。また、確定拠出年金制度の老齢給付金の受給時期等、制度に関する情報・知識を有していることも重要となる。したがって、法第22条の規定等に基づき、投資教育を行うこととなる確定拠出年金を実施する事業主、国民年金基金連合会、それらから委託を受けて当該投資教育を行う確定拠出年金運営管理機関及び企業年金連合会等（この第3の事項において「事業主等」という。）は、極めて重い責務を負っている。このため、事業主等においては、制度への加入時はもちろん、加入後においても、継続的に、個々の加入者等の知識水準やニーズ等も踏まえつつ、加入者等が十分理解できるよう、必要かつ適切な投資教育を行わなければならないものであること。

（2）投資教育を行う事業主等は、（1）の趣旨に鑑み、運用の指図を行うことが想定される加入者等となる時点において投資教育がなされているよう努めること。

（3）投資教育を行う事業主等は、常時上記（1）及び（2）に記した責務を十分認識した上で、加入者等の利益が図られるよう、当該業務を行う必要があること。

2．加入時及び加入後の投資教育の計画的な実施について

（1）加入時には、実際に運用の指図を経験していないことから、確定拠出年金制度における運用の指図の意味を理解すること、具体的な資産の配分が自らできること及び運用による収益状況の把握ができることを主たる目的として、そのために必要な基礎的な事項を中心に教育を行うことが効果的である。事業主等は過大な内容や時間を設定し、形式的な伝達に陥ることのないよう、加入者等の知識水準や学習意欲等を勘案し、内容、時間、提供方法等について十分配慮し、効果的な実施に努めること。

（2）加入後の継続的な投資教育は、加入時に基本的な事項が習得できていない者に対する再教育の機会として、また、制度に対する関心が薄い者に対する関心の喚起のためにも極めて重要である。このため、事業主等は、加入後も定期的かつ継続的に投資教育の場を提供し、加入者等の制度理解の向上や、自身のライフプランの中で適切な運用となっているかを確認するよう促していく必要がある。

　　加入者が実際に運用の指図を経験していることから、加入前の段階では理解が難し

い金融商品の特徴や運用等についても運用の実績データ等を活用し、より実践的、効果的な知識の習得が期待される。

（3）加入時及び加入後の投資教育については、それぞれ、上記のような目的、重要性を有するものであり、その性格の相違に留意し、実施に当たっての目的を明確にし、加入後の教育を含めた計画的な実施に努めること。

3．法第22条の規定に基づき加入者等に提供すべき具体的な投資教育の内容

（1）投資教育を行う事業主等は、2で述べたように、加入時及び加入後の投資教育の目的、性格等に応じて、（3）に掲げる事項について、加入時、加入後を通じた全般の計画の中で、加入者等が的確かつ効果的に習得できるよう、その内容の配分に配慮する必要がある。

　　また、事後に、アンケート調査、運用の指図の変更回数等により、目的に応じた効果の達成状況を把握することが望ましい。

（2）特に、加入後の継続的な投資教育においても加入時とあわせて定期的に積極的に行うよう努めることとし、次のような事項について留意すること。

　①　運用の指図を行う対象となる商品（以下「運用の方法」という。）に対する資産の配分、運用の指図の変更回数等の運用の実態、コールセンター等に寄せられた質問等の分析やアンケート調査により、対象となる加入者等のニーズを十分把握し、対象者のニーズに応じた内容となるよう、配慮する必要がある。

　　　なお、確定拠出年金運営管理機関は制度の運用の実態等を定期的に把握・分析し、事業主に情報提供するとともに、必要な場合には投資教育に関する助言をするよう努めること。

　②　基本的な事項が習得できていない者に対しては、制度に対する関心を喚起するよう十分配慮しながら、基本的な事項の再教育を実施すること。

　　　また、加入者等の知識及び経験等の差が拡大していることから、より高い知識及び経験を有する者にも対応できるメニューに配慮することが望ましい。

　③　具体的な資産配分の事例、金融商品ごとの運用実績等の具体的なデータを活用すること等により、運用の実際が実践的に習得できるよう配慮することが効果的である。

（3）具体的な内容

　①　確定拠出年金制度等の具体的な内容

　　ア　わが国の年金制度の概要、改正等の動向及び年金制度における確定拠出年金の位置づけ

　　イ　確定拠出年金制度の概要（次の（ア）から（ケ）までに掲げる事項）

　　（ア）制度に加入できる者とその拠出限度額（企業型年金加入者掛金を導入している事業所には、企業型年金加入者掛金の拠出限度額とその効果を含む。）

　（イ）運用の方法の範囲、加入者等への運用の方法の提示の方法及び運用の方法の預
　　　替え機会の内容
　（ウ）運用の指図は加入者自身が自己の責任において行うこと
　（エ）指定運用方法を選定及び提示している場合は、指定運用方法の概要。また、指
　　　定運用方法により運用されたとしても、加入者自身の資産形成状況やライフプラ
　　　ン等に適した運用の方法が選択されているかどうかを確認し、自身に適さない運
　　　用の方法であれば他の運用の方法を選択すべきであること
　（オ）給付の種類、受給要件、給付の開始時期及び給付（年金又は一時金の別）の受
　　　取方法
　（カ）加入者等が転職又は離職した場合における資産の移換の方法
　（キ）拠出、運用及び給付の各段階における税制措置の内容
　（ク）事業主、国民年金基金連合会、企業年金連合会、確定拠出年金運営管理機関及
　　　び資産管理機関の役割
　（ケ）事業主、国民年金基金連合会、確定拠出年金運営管理機関及び資産管理機関の
　　　行為準則（責務及び禁止行為）の内容
②　金融商品の仕組みと特徴
　　預貯金、信託商品、投資信託、債券、株式、保険商品等それぞれの金融商品につい
　ての次の事項
　ア　その性格又は特徴
　イ　その種類
　ウ　期待できるリターン
　エ　考えられるリスク
　オ　投資信託、債券、株式等の有価証券や変額保険等については、価格に影響を与え
　　　る要因等
③　資産の運用の基礎知識
　ア　資産の運用を行うに当たっての留意点（すなわち金融商品の仕組みや特徴を十分
　　　認識した上で運用する必要があること）
　イ　リスクの種類と内容（金利リスク、為替リスク、信用リスク、価格変動リスク、
　　　インフレリスク（将来の実質的な購買力を確保できない可能性）等）
　ウ　リスクとリターンの関係
　エ　長期運用の考え方とその効果
　オ　分散投資の考え方とその効果
　カ　年齢、資産等の加入者等の属性によりふさわしい運用の方法のあり方は異なり得
　　　るため一律に決まるものではないが、長期的な年金運用の観点からは分散投資効果
　　　が見込まれるような運用の方法が有用である場合が少なくないこと
④　確定拠出年金制度を含めた老後の生活設計

ア　老後の定期収入は現役時代と比較し減少するため、資産形成は現役時代から取り組むことの必要性

イ　平均余命などを例示することで老後の期間が長期に及ぶものであること及び老後に必要な費用についても長期にわたり確保する必要があること。

ウ　現役時代の生活設計を勘案しつつ、自身が望む老後の生活水準に照らし、公的年金や退職金等を含めてもなお不足する費用（自身が確保しなければならない費用）の考え方

エ　現役時代の生活設計を勘案しつつ、老後の資産形成の計画や運用目標の考え方（リタイヤ期前後であれば、自身の就労状況の見込み、保有している金融商品、公的年金、退職金等を踏まえた資産形成の計画や運用目標の考え方）

オ　加入者等が運用の方法を容易に選択できるよう、運用リスクの度合いに応じた資産配分例の提示

カ　離転職の際には、法第 83 条の規定による個人別管理資産の連合会への移換によることなく、法第 80 条及び第 82 条の規定により個人別管理資産を移換し、運用を継続していくことが重要であること。

（４）加入者等に、運用プランモデル（老後までの期間や老後の目標資産額に応じて、どのような金融商品にどの程度の比率で資金を配分するかを例示したモデル）を示す場合にあっては、提示運用方法に元本確保型の運用の方法（令第 15 条第 1 項の表の 1 の項イ若しくはロ、2 の項イ、3 の項イからホまで、4 の項イ又は 5 の項イの区分に該当する運用の方法を指す。以下同じ。）が含まれるときは、元本確保型のみで運用する方法による運用プランモデルも含め、選定した運用の方法間の比較ができるように工夫し、提示するものとすること。

　また、退職時期を意識しリスク管理を行うことが一般的であり、老後までに時間がある若年層は比較的リスクが取りやすく、老後を間近に控える高年層や資産を取り崩しながら受給する期間はリスクを抑えるといった投資の基本的な考え方を意識付けることが望ましい。

4．加入者等への具体的な提供方法等

（１）投資教育を行う事業主等は、次に掲げる方法により、加入者等に提供すること。

①　投資教育の方法としては、例えば資料やビデオの配布（電磁的方法による提供を含む。）、説明会の開催等があるが、各加入者等ごとに、当該加入者の資産の運用に関する知識及び経験等に応じて、最適と考えられる方法により行うこと。

②　事業主等は、加入者等がその内容を理解できるよう投資教育を行う責務があり、加入者等からその内容についての質問や照会等が寄せられた場合には、速やかにそれに対応すること。

　特に、加入後の投資教育においては、加入者等の知識等に応じて、個別・具体的

　　な質問、照会等が寄せられることから、コールセンター、メール等による個別の対
　　応に配慮することが望ましい。

　　　　また、テーマ等を決めて、社内報、インターネット等による継続的な情報提供を行
　　うことや、既存の社員研修の中に位置付けて継続的に実施することも効果的である。

　③　確定拠出年金制度に対する関心を喚起するため、公的年金制度の改革の動向や他
　　の退職給付の内容等の情報提供を併せて行うことにより、自らのライフプランにお
　　ける確定拠出年金の位置づけを考えられるようにすることが効果的である。

（2）事業主が確定拠出年金運営管理機関又は企業年金連合会に投資教育を委託する場合
　　においては、当該事業主は、投資教育の内容・方法、実施後の運用の実態、問題点等、
　　投資教育の実施状況を把握するよう努めること。

　　　　また、加入者等への資料等の配布、就業時間中における説明会の実施、説明会の会
　　場の用意等、できる限り協力することが望ましい。

　　　　加入後の投資教育についても、その重要性に鑑み、できる限り多くの加入者等に参
　　加、利用の機会が確保されることが望ましい。

5．投資教育と確定拠出年金法で禁止されている特定の運用の方法に係る金融商品の勧奨
　　行為との関係

（1）事業主等が上記3に掲げる投資教育を加入者等に行う場合には、当該行為は法第100
　　条第6号に規定する禁止行為には該当しないこと。

（2）なお、事業主等が、価格変動リスク又は為替リスクが高い株式、外国債券、外貨預金
　　等（この（2）において「株式等」という。）のリスクの内容について加入者等に十分
　　説明した上で、老後までの期間及び老後の目標資産額に応じて株式等での運用を含んだ
　　複数の運用プランモデルの提示を行う場合にあっても、当該行為は法第100条第6号に
　　規定する禁止行為には該当しないこと。

第4　運用の方法の選定及び提示に関する事項

1．法第23条第1項の運用の方法に関する事項

（1）運用の方法の選定及び提示については、法第23条第1項において上限が定められて
　　いるが、今後の運用の方法の追加等も念頭に、上限まで選定する（追加する）のではな
　　く、加入者等が真に必要なものに限って運用の方法が選定されるよう、確定拠出年金
　　運営管理機関（運営管理業務を営む事業主を含む。以下この第4から第6までの事項
　　において「確定拠出年金運営管理機関等」という。）と労使が十分に協議・検討を行っ
　　て運用の方法を選定し、また定期的に見直していくこと。

　　　　その際、以下の点に留意すること。

　　ア　運用の方法の全体のラインナップが加入者等の高齢期の所得確保の視点から見
　　　て、バランスのとれたものであること。

イ　加入者等の効果的な運用に資するよう、個々の運用の方法の質（手数料を含む。）を十分吟味し、その選定理由を説明すること。

定期的な見直しを行った場合は、加入者等に対し、見直しの結果及びその理由を示すこと。

（2）法第23条第1項の規定により選定及び提示する運用の方法には指定運用方法に選定した運用の方法を含めること。

（3）運用の方法の提示に当たっては、運用の方法を選定及び提示する確定拠出年金運営管理機関等が、個々の運用の方法の選定理由に加えて運用の方法の全体構成に関する説明を行うとともに、個別の運用の方法の推奨が禁止されていることに留意しつつ、例えば次のような提示の工夫をすること。

①　元本確保型の運用の方法と投資信託等に分けて表示し、元本確保型についてはその種類（預金、生命保険、損害保険等）、投資信託等については投資信託の種類（伝統的4資産（国内株式・国内債券・外国株式・外国債券）等）、パッシブ・アクティブ等の区分を示すこと。

②　一般的な指数によるパッシブ運用の投資信託を一括りにして「基本的な運用の方法」等、アクティブ運用やオルタナティブ運用を一括りにして「応用的な運用の方法」等と示すこと。なお、運用の方法を括るに当たっては客観的事由に基づき一括りにし、その事由についても説明すること。

③　運用の方法の一覧表の中において、手数料（投資信託の販売手数料率、信託報酬率、信託財産留保（額）率、保険商品の解約控除等）を示すこと。

（4）運用の方法の選定及び提示に当たっては、加入者等の選択の幅が狭められることのないよう、リスク・リターン特性の異なる運用の方法から、令第15条第1項の表の中欄のうち3つ以上（簡易企業型年金の場合2つ以上）の区分に該当する運用の方法を適切に選定し、加入者等に提示すること。ただし、同項2の項ロ、3の項ヌ若しくはル、4の項ロ又は5の項ロの区分（以下「特定区分」という。）に該当する運用の方法から選定する場合には、当該特定区分に該当する運用の方法から資産の種類又は資産の配分が異なるよう留意して、運用の方法が適切に選定及び提示されていれば、特定区分から3以上（簡易企業型年金の場合2以上）選定することも可能であること。

さらに、加入者等の分散投資に資するため、令第16条第1項第2号のとおり、元本確保型の運用の方法を1以上選定及び提示する場合は、当該区分以外の区分から2以上（簡易企業型年金の場合は1以上）を選定及び提示すること。

また、令第16条第1項第1号のとおり、令第15条第1項の表の2の項ニ又は3の項レからウまでの区分（個別社債、個別株式、自社株ファンド等）から運用の方法を選定した場合は、他の区分から3以上（簡易企業型年金の場合は2以上）の運用の方法を選定及び提示しなければならないこと。

2．法第 23 条の 2 の指定運用方法に関する事項

　　個人別管理資産の運用の指図のない状態を回避する方法として、加入者から運用の指図が行われるまでの間において運用を行うため、法第 23 条の 2 第 1 項により、企業型年金規約に定めるところにより指定運用方法を選定及び提示する場合には、次の取扱いによるものとすること。

　　なお、指定運用方法については、法第 23 条の 2 第 1 項の規定により確定拠出年金運営管理機関等が提示を行うが、指定運用方法の選定及び提示に当たっては、労使が確定拠出年金運営管理機関等から必要な説明や情報提供を受けた上で、労使と確定拠出年金運営管理機関等が十分に協議し、労使協議の結果を尊重して決定する必要がある

（1）指定運用方法の基本的な考え方と基準

　　　指定運用方法については、指定運用方法で運用を継続する加入者が一定数存在することが想定されることから、加入者が自ら運用の方法を選択して運用する場合と同様に、確定拠出年金制度の趣旨を踏まえ、高齢期の所得確保に資する運用を目指すものであることが求められる。また、施行規則第 19 条に規定する指定運用方法の基準（要件）は、法第 23 条の 2 第 2 項の趣旨を踏まえ、高齢期の所得確保に資する運用として、運用の指図を行わない加入者がその運用の方法に対して運用の指図を行ったものとみなされた場合においても適切なものとなるよう定めたものであり、当該基準については、さらに以下に留意すること。

　①　「物価、外国為替相場、金利その他経済事情の変動に伴う資産価値の変動による損失の可能性」

　　　　インフレリスク（将来の実質的な購買力を確保できない可能性）、為替リスク、金利リスク、信用リスク、価格変動リスク等のことを想定。

　②　「加入者の集団」

　　　　当該企業における加入者の集合体のこと。確定拠出年金運営管理機関等は、労使と協議を行う際に、加入者属性や加入者ニーズ等加入者の集団に係る視点を踏まえる必要があること。その際、指定運用方法により運用されると見込まれる加入者の特徴について考慮・検討することが重要であること。

　③　「その他これらに類する費用」

　　　　販売手数料、信託財産留保額、保険商品の解約控除等のこと。

（2）指定運用方法の基準の留意点

　①　（1）の基準による指定運用方法の選定及び提示に当たっては、法の目指す目的を踏まえ、加入者の集団のリスク許容度や期待収益等を考慮・検討しながら、指定運用方法にふさわしい運用の方法を決定することが適当であり、その際の着眼点としては、例えば次に掲げる事項が考えられる。

　　ア　主に加入者の集団に係るもの

　　　　加入者の集団の属性（年齢別構成、退職までの平均勤続年数等）、金融商品への

理解度、加入者のニーズ、想定利回りや掛金額等退職給付における位置づけ　等
イ　主に金融商品に係るもの（リスク・リターン特性）
期待収益率、価格の変動の大きさ、運用結果が拠出した掛金の合計額を上回る可能（確実）性、インフレリスクに対応し実質的に購買力を維持できる可能性、分散投資効果　等
②　（1）の基準や（2）①の着眼点に基づき、リスク・リターン特性が異なる金融商品、具体的には、元本確保型の運用の方法から分散投資に資する運用の方法までの様々な選択肢の中から、指定運用方法を選定すること。
③　指定運用方法に係る手数料、信託報酬その他これらに類する費用に関連し、指定運用方法から他の運用の方法へ指図を変更する際に、指定運用方法の解約等に伴い手数料（信託財産留保額、保険商品の解約控除等）が発生する運用の方法については、当該手数料の水準等によって、他の運用の方法への運用の指図の変更の妨げになる可能性があることにも留意すること。
（3）指定運用方法の選定のプロセス
①　指定運用方法を選定するにあたっては、（1）の基準や（2）①の着眼点に基づき加入者の集団の属性等を踏まえる必要があることから、事業主は、施行規則第19条の2第2項に基づき、確定拠出年金運営管理機関に対して加入者の集団の属性等に関する情報を提供するよう努めること。
②　確定拠出年金運営管理機関等は、事業主に対して、指定運用方法の候補となる運用の方法を示し、当該運用の方法が（1）の基準や（2）①の着眼点に適合する運用の方法である理由を説明すること。
その際、確定拠出年金運営管理機関等は、労使に対して、具体的な金融商品のリスク・リターン特性等の指定運用方法の選定に必要な情報を、運用方針や手数料控除後の収益の見込み等を表示する等わかりやすい方法で提供すること。
③　令第6条第8号ロを踏まえ、事業主は、②で示された指定運用方法の候補となる運用の方法が加入者の集団にとって適切であるかを労使で協議し、その結果を確定拠出年金運営管理機関等に伝達すること。この際、実施事業所が二以上であるときは、各実施事業所において労使で協議しなければならない。
④　確定拠出年金運営管理機関等は、③の労使協議の結果を尊重して、（1）の基準や（2）①の着眼点に適合する指定運用方法を選定すること。
⑤　なお、指定運用方法については、実施事業所ごとに選定及び提示を行うことが可能であること。
（4）加入者への情報提供等
①　指定運用方法は、加入者が一定期間運用の指図を行わないような例外的な場合に、加入者の運用指図権を保護するために整備された規定である。加入者が自ら運用の指図を行うことを促す観点から、指定運用方法を運用の方法とする運用の指図を行

ったものとみなされた場合においても、個々の加入者が、自身の資産形成状況やライフプラン等に適した運用の方法が選択されているかどうかを確認し、自身に適さない運用の方法であれば他の運用の方法を選択すべきであることを説明する必要がある。

このため、確定拠出年金運営管理機関等は、加入者に対し、自ら運用の方法を選択して運用を行うよう促した上で、指定運用方法の仕組みや当該指定運用方法を法令の基準に基づきどのような考えで選定したか（選定理由）を（1）の基準や（2）①に掲げた着眼点を踏まえながら、十分に説明すること。その際には、具体的な金融商品のリスク・リターン特性等について、運用方針や手数料控除後の収益の見込み等をイメージしやすいようにする等わかりやすい方法で提供すること。

② 指定運用方法については、本人の運用の指図がないにもかかわらず本人が運用の指図を行ったものとみなされるため、本人の運用指図権を侵さないよう十分留意する必要がある。このことを踏まえ、運用指図権に関する加入者保護を徹底し、受託者責任を果たす観点から、次の措置を講ずることが望ましいこと。

ア 確定拠出年金運営管理機関等は、加入者から指定運用方法を運用の方法とする運用の指図を行ったものとみなされる旨を理解したことの確認を得ること。

イ 確定拠出年金運営管理機関等は、指定運用方法の運用の結果（利益・損失）について、その責任は加入者本人に帰属することに加え、元本確保型の運用の方法などが指定運用方法に選定されている場合には、より収益を上げる投資機会を逃す可能性があることや、インフレになれば実質的な購買力を確保できない可能性があることについても、加入者へ情報提供すること。

③ 指定運用方法を運用の方法とする運用の指図を行ったものとみなされた後も、自ら選択して運用の指図を行うことは可能であるため、指定運用方法を運用の方法とする運用の指図を行ったものとみなされた後においても、資産額通知や継続投資教育等あらゆる機会を利用して、指定運用方法を変更して運用の指図を行うことができることなどについて、事業主と確定拠出年金運営管理機関がそれぞれの役割に従って、加入者に継続的な情報提供や働きかけを行っていくこと。とりわけ、中小企業においては、自ら選択して運用の指図を行っていない加入者の割合が高い傾向にあることから、投資教育等において積極的な働きかけを行うこと。

（5）あらかじめ定められた運用の方法

確定拠出年金法等の一部を改正する法律（平成28年法律第66号。以下「改正法」という。）施行前より「あらかじめ定められた運用の方法」を企業型年金規約に規定していた場合においても、上記指定運用方法の基準等に沿って、改めて十分に労使で協議した上で、指定運用方法を定めること。

なお、指定運用方法を運用の方法とする運用の指図を行ったものとみなされる対象は、改正法施行後の新たな加入者である。企業型年金規約に「あらかじめ定められた運

用の方法」が規定されており、改正法施行前の加入者等であって自ら運用の指図を行なわず、「あらかじめ定められた運用の方法」により運用を継続している者については、別途、運用の指図を行わない限り、引き続き、改正法施行後も当該運用の方法により運用を継続することとなる。

　　ただし、その場合であっても、（4）①と同様に、当該運用の方法が自身の資産形成状況やライフプラン等に適した運用の方法が選択されているかどうかを確認し、自身に適さない運用の方法であれば他の運用の方法を選択するよう、加入者等に促すとともに、その後の運用の指図が不要であるとの誤解を招くことのないよう、次に掲げる事項を加入者等に定期的に情報提供するものとすること。

ア　当該運用の方法により運用を行っている者については、いつでも運用の指図ができること

イ　当該運用の方法により損失が生じた場合には、その責任は加入者等本人が負うこと

第5　運用の方法に係る金融商品の情報提供に関する事項

1．運用の方法に係る金融商品について情報提供すべき具体的な内容

　　確定拠出年金運営管理機関等が加入者等に対し運用の方法に係る金融商品の情報提供を行う場合の具体的な内容については、法第24条及び第24条の2に基づく施行規則第20条第1項及び第2項に規定しているところであるが、同条第1項第1号中「運用の方法の内容」に係る具体的な情報の内容及びその提供方法は、各運用の方法に係る金融商品ごとに、元本確保型の運用の方法であるか否かを示した上で、次に掲げる内容及び方法とすること。

（1）預貯金（金融債を含む。）について

　　銀行法施行規則（昭和57年大蔵省令第10号）第13条の3第1項各号に規定する内容に相当するものについて、同条に準じた方法（電磁的方法による提供を含む。）により情報提供を行うものとすること。

（2）信託商品について

　　次に掲げる事項を記載した書類の交付又は電磁的方法により情報提供を行うものとすること。

① 商品名

② 信託期間（契約期間、信託設定日、償還期日、繰上償還の説明、自動継続扱いの有無）

③ 運用の基本方針、運用制限の内容

④ 信託金額の単位

⑤ 収益金の計算方法、支払方法

⑥ 予想配当率

⑦　他の運用の方法への預替えの場合の取扱い

（3）有価証券（令第 15 条第 1 項の表の 2 の項ニに規定する運用の方法に係る金融商品を含む。）について

①　金融商品取引法（昭和 23 年法律第 25 号）第 2 条第 10 項に規定する目論見書の概要（商品名、信託期間、繰上償還の説明、ファンドの特色、投資リスク等）に記載される内容について、それを記載した書類の交付又は電磁的方法により情報提供を行うものとすること。

②　なお、金融商品取引法第 2 条第 10 項に規定する目論見書に記載される内容については、少なくとも、加入者等から求めがあった場合に、次のいずれかの方法により速やかにその内容を提供するものとすること。

ア　書類の交付

イ　電磁的方法により内容を提供する方法

ウ　実施事業所の事務所又は確定拠出年金運営管理機関の営業所に備え置き、加入者等の縦覧に供する方法

（4）生命保険、生命共済及び損害保険について

次の掲げる事項を記載した書類の交付又は電磁的方法により情報提供を行うものとすること。

①　保険又は共済契約の種類

②　一般勘定又は特別勘定に属するものの区別

③　保険料又は共済掛金の額

④　保険金額又は共済金額の算定方法

⑤　予定利率があるものについてはその率

⑥　保険期間又は共済期間（予定利率があるものについては、当該予定利率が適用される期間を含む。）

⑦　支払事由

⑧　加入者等の運用の指図により保険又は共済の全部又は一部を他の運用の方法に変更する場合における取扱い

⑨　特別勘定に属するものについては、当該財産の運用の方針、種類及び評価の方法

2．加入者等に情報提供すべき過去 10 年間の実績の内容

確定拠出年金運営管理機関等は、施行規則第 20 条第 1 項第 2 号の規定に基づき、過去 10 年間における運用の方法に係る金融商品の利益又は損失の実績を加入者等に提供する場合には、少なくとも 3 か月ごとの当該運用の方法に係る金融商品の利益又は損失の実績を提供しなければならないこと。

3．規則第 20 条第 4 項の説明について

（1）確定拠出年金運営管理機関は、制度上もっぱら加入者等の利益のみを考慮して中立な立場で運営管理業務を行うものとして位置づけられているところであり、こうした趣旨に基づき、法第100条において、特定の運用の方法に係る金融商品について指図を行うことを勧める行為の禁止をはじめ、各種の禁止行為が規定されているところである。したがって、金融商品の販売等を行う金融機関が自ら確定拠出年金運営管理機関として運用関連業務を行う場合には、あくまでも中立な立場で業務を行い、当該禁止行為が確実に行われないようにするとともに、確定拠出年金運営管理機関に対する国民の信頼が確保されるよう、法第23条第1項の政令で定める運用の方法に係る商品の販売若しくはその代理若しくは媒介又はそれらに係る勧誘に関する事務を行う者（いわゆる営業職員）が、運用の方法の情報の提供を行う場合又は営業職員以外の職員が運用の方法の情報提供を行う際に営業職員が同席する場合にあっては、加入者等に対し、書面の交付その他の適切な方法により、法第23条第1項の政令で定める運用の方法に係る商品の販売若しくはその代理若しくは媒介又はそれらに係る勧誘との誤認を防止するための説明を行うこととしたものであること。

（2）法第23条第1項の政令で定める運用の方法に係る商品の販売若しくはその代理若しくは媒介又はそれらに係る勧誘との誤認を防止するための説明としては、少なくとも、以下の事項を説明すること。

① 運用の方法の情報の提供は確定拠出年金運営管理機関として行うこと。

② 特定の運用の方法の推奨が禁止されていること。

4．情報提供に関する留意事項

確定拠出年金は、個々の加入者等が自己責任により運用し、その運用結果によって給付額が決定される制度であることから、加入者等が適切に運用指図を行うことができるよう、加入者等が運用の方法の具体的内容について理解することが重要である。この趣旨に鑑み、運用の指図を行うことが想定される加入者等となる時点において運用の方法の情報提供が行われている必要があることに留意すること。

第6　運用の方法の除外に関する事項

1．運用の方法の除外の具体的な手順について

確定拠出年金運営管理機関等は、運用の方法の除外をしようとするときは、以下の手順により行うこと。

（1）確定拠出年金運営管理機関等は、労使で十分に協議・検討された結果を踏まえ、

① どの運用の方法を除外しようとするか

② 既に保有している運用の方法について、売却を伴う除外とするか又は売却を伴わない除外とするか（以下「除外の方法」という。）

を決定すること。

（2）確定拠出年金運営管理機関等は、除外しようとする運用の方法を選択して運用の指図を行っている加入者等（以下「除外運用方法指図者」という。）に運用の方法を除外しようとする旨及び除外の方法を通知した上で、法第26条第1項の運用の方法の除外に係る同意を得ること。

(注) 確定拠出年金運営管理機関等は、再委託先である記録関連運営管理機関から、除外運用方法指図者の情報を入手する。

(注) 法第26条第2項に基づき、除外の通知をした日から規約で定める期間（3週間以上）を経過してもなお除外運用方法指図者から意思表示を受けなかった場合は、除外運用方法指図者は同意をしたものとみなすことができる旨、当該通知で記載すること。

（3）除外運用方法指図者（所在が明らかでないものを除く）の3分の2以上の同意が得られた場合、除外することが決定したことを加入者等に周知した上で、他の運用の方法へ運用の指図を変更するよう、除外運用方法指図者に促すこと。

（4）確定拠出年金運営管理機関等は運用の方法を除外した旨、除外運用方法指図者に通知する。

(注) 除外する運用方法について売却を伴わない除外とする場合、除外運用方法指図者に対する運用方法を除外した旨の通知は、（3）の周知にあわせて当該運用の方法を除外する日を通知することをもって代えることができる。

(注) 法第26条第3項に基づき、除外運用方法指図者の所在が明らかでないため当該通知をすることができないときは、公告を行う。

(注) 仮に除外時までに運用の指図の変更が行われなかった場合において、指定運用方法が提示されたときは、企業型年金規約で定める期間経過後、除外対象となっている運用の方法に係る掛金に相当する個人別管理資産について、当該指定運用方法を運用の方法とする運用の指図を行ったものとみなされること。

2．運用の方法の除外に当たって考慮すべき事項について
　運用の方法の除外に当たっては、実務上、以下の点に留意すること。
　・　除外する運用の方法を決定する際には、次に掲げる要素を考慮すること
　　　信託報酬等の手数料の水準、運用成績、運用の方法の除外後の運用の方法の全体の構成、当該運用の方法に対し運用の指図をしている者の数　等
　・　除外しようとする運用の方法を決定した確定拠出年金運営管理機関等は、除外運用方法指図者等へ情報提供を行う際には、上記考慮要素を踏まえて当該運用の方法を除外することになった理由を説明すること

第7　障害給付金の支給要件に関する事項

　確定拠出年金の障害給付金については、令第19条の規定により、加入者等が国民年金法

（昭和34年法律第141号）第30条第2項に規定する障害等級に該当する程度の障害の状態に該当することをその支給要件としている。

　確定拠出年金運営管理機関等は、加入者等から障害給付金の給付の裁定の請求が行われた場合において、当該加入者が次に掲げる者であることを確認したときは、障害給付金の支給の裁定を行っても差し支えないこと。

（1）障害基礎年金の受給者

（2）身体障害者手帳（1級から3級までの者に限る）の交付を受けた者

（3）療育手帳（重度の者に限る）の交付を受けた者

（4）精神障害者保健福祉手帳（1級及び2級の者に限る）の交付を受けた者

第8　厚生年金基金、確定給付企業年金等から企業型年金への資産の移換に関する事項

１．厚生年金基金等の加入員等が負担した掛金等を原資とする部分の算定方法等

　令第22条第1項第1号及び公的年金制度の健全性及び信頼性の確保のための厚生年金保険法等の一部を改正する法律の施行に伴う経過措置に関する政令第3条第4項によりなおその効力を有するものとされた改正前確定拠出年金法施行令第22条第1項第1号に規定する「原資とする部分」とは、資産のうち、加入員等の負担に基づいて行われる給付であって、基準日（厚生年金基金等の規約変更日（解散又は終了にあってはその日））までに発生しているとみなすことが合理的である給付に相当する部分をいうこと。

　なお、厚生年金基金等から企業型年金への資産の移換にあたり、加入員等が、当該加入員等が負担した掛金等を原資とする部分の移換に同意しない場合にあっては、当該部分を除いた資産を移換するものとすること。

　ただし、確定給付企業年金の加入者等が負担した掛金を原資とする部分を移換する場合にあっては、確定給付企業年金の本人拠出相当額は拠出時に課税、給付時に非課税の取扱いとなっているが、企業型年金へ資産を移換した場合にあっては、給付時に課税されることとなることを当該加入者等に十分説明したうえで同意を取る必要があること。

２．退職手当制度から企業型年金に移換できる資産の内容

　令第22条第1項第5号に規定する「相当する部分」とは、同号のイに掲げる額からロ及びハに掲げる額を控除した額に、移行日（同号に規定する移行日。以下同じ。）から資産の移換を受ける最後の年度までの期間に応ずる利子に相当する額を加えた額とすること。

　なお、この場合に用いる利率は、移行日における確定給付企業年金法施行規則（平成14年厚生労働省令第22号）第43条第2項第1号の規定に基づいて厚生労働大臣が定める率（零を下回る場合にあっては、零）とすること。

第9　行為準則及び業務管理態勢に関する事項

１．事業主の行為準則

（１）忠実義務（法第43条第1項）の内容

　　　　事業主は、少なくとも次の事項に留意しなければならないこと。

① 　確定拠出年金運営管理機関及び資産管理機関については、もっぱら加入者等の利益のみを考慮して、運営管理業務や資産管理業務の専門的能力の水準、提示されることが見込まれる運用の方法、業務・サービス内容（加入者等から企業型年金の運営状況に関する照会があったときは、誠実かつ迅速に対応できる体制を整備していることを含む。以下同じ。）、手数料の額等に関して、複数の確定拠出年金運営管理機関又は資産管理機関について適正な評価を行う等により選任すること。

　　　　特に、事業主が、緊密な資本関係、取引関係又は人的関係がある確定拠出年金運営管理機関又は資産管理機関（確定拠出年金運営管理機関又は資産管理機関と緊密な資本又は人的関係のある法人を含む。）を選任できるのは、当該機関の専門的能力の水準、提示されることが見込まれる運用の方法、業務・サービス内容、手数料の額等に関して適正な評価を行った結果、合理的な理由がある場合に限られるものであること。

　　　　また、法第3条第1項又は第5条第2項の規定に基づき、企業型年金に係る規約を作成する場合又は企業型年金規約に規定する事項のうち確定拠出年金運営管理機関若しくは資産管理機関の変更を行う場合にあっては、労働組合又は第一号等厚生年金被保険者（法第9条第2項第2号に該当する者を除く。）の過半数を代表する者の同意を得る際に、当該第一号等厚生年金被保険者又は加入者等に対し、当該確定拠出年金運営管理機関又は資産管理機関を選定した理由を示すこと。

② 　事業主は、企業型確定拠出年金制度を実施する主体であり、もっぱら加入者等の利益のみを考慮して、確定拠出年金運営管理機関を選定する必要があることから、確定拠出年金運営管理機関に委託している運営管理業務のうち特に運用関連業務がもっぱら加入者等の利益のみを考慮して、適切に行われているかを確認するよう努める必要がある。

　　　　事業主は、少なくとも、下記事項について、確定拠出年金運営管理機関から合理的な説明を受けるよう努めること。

ア 　提示された商品群の全て又は多くが1金融グループに属する商品提供機関又は運用会社のものであった場合、それがもっぱら加入者等の利益のみを考慮したものであるといえるか。

イ 　下記（ア）～（ウ）のとおり、他の同種の商品よりも劣っている場合に、それがもっぱら加入者等の利益のみを考慮したものであるといえるか。

（ア）同種（例えば同一投資対象・同一投資手法）の他の商品と比較し、明らかに運用成績が劣る投資信託である。

（イ）他の金融機関が提供する元本確保型商品と比べ提示された利回りや安全性が明

らかに低い元本確保型商品である。

　（ウ）同種（例えば同一投資対象・同一投資手法）の他の商品と比較して、手数料や解約時の条件が良くない商品である。

　ウ　商品ラインナップの商品の手数料について、詳細が開示されていない場合又は開示されているが加入者にとって一覧性が無い若しくは詳細な内容の閲覧が分かりにくくなっている場合に、なぜそのような内容になっているか。

　エ　確定拠出年金運営管理機関が事業主からの商品追加や除外の依頼を拒否する場合、それがもっぱら加入者等の利益のみを考慮したものであるか。

③　資産の運用に関する情報提供に係る業務（いわゆる投資教育）を企業年金連合会、確定拠出年金運営管理機関又はその他の者に委託する場合においては、委託先の機関等が本通達第3の1から3まで規定する内容及び方法に沿って、加入者等の利益のみを考慮して適切に当該業務を行うことができるか否かを十分考慮した上で行うこと。

④　企業型年金加入者等に対し、自社株式又は関連企業の発行する株式（主に自社株式又は関連企業の発行する株式で運用する投資信託などを含む。以下同じ。）を運用の方法として提示することは、もっぱら加入者等の利益のみを考慮してその業務を遂行しなければならないという忠実義務の趣旨に照らし妥当であると認められる場合に限られるものであること。

　　また、自社株式又は関連会社の発行する株式を運用の方法として提示したときは、当該株式を発行する企業が倒産した場合には、加入者等の個人別管理資産のうち当該株式での運用に係る部分の資産が零となる可能性が高いこと（すなわち倒産リスクがあること）を、加入者等に対し、十分に情報提供するようにすること。

⑤　法、令及び施行規則に規定された事業主の行為準則等を遵守すること。

⑥　加入者等から企業型年金の実施状況に関し照会又は苦情があったときは、当該照会又は苦情に事業主自らが誠実かつ迅速に対応するか又は確定拠出年金運営管理機関に誠実かつ迅速に対応させること。

⑦　事業主が選任した確定拠出年金運営管理機関及び資産管理機関から、その業務の実施状況等について少なくとも年1回以上定期的に報告を受けるとともに、加入者等の立場から見て必要があると認められる場合には、その業務内容の是正又は改善を申し入れること。

　　また、当該確定拠出年金運営管理機関及び資産管理機関が事業主の申し入れに従わず、又はその業務の実施状況等により運営管理業務又は資産管理業務を継続することが困難であると認めるときは、法第5条に規定する手続きを経て、その委託契約等を取消し、当該運営管理業務を自ら実施するか又は他の確定拠出年金運営管理機関若しくは資産管理機関を選任すること。

（2）個人情報保護義務（法第43条第2項）の内容

① 法第43条第2項中の「業務の遂行に必要な範囲内」には、例えば、次のアからウに掲げる場合についても該当するものであること。

　ア 事業主が、退職により資格を喪失した者に対して、個人別管理資産額を踏まえた手続きの説明を行うため、脱退一時金の受給要件の判定に必要な範囲内において、個人別管理資産額に関する情報を活用する場合

　イ 事業主が、資格を喪失後一定期間を経過した後も個人別管理資産の移換の申出を行っていない者に対して、当該申出が速やかに行われるよう促すため、氏名や住所等の情報を活用する場合

　ウ 事業主が、企業型年金運用指図者に影響を及ぼす規約変更を行う場合において、その内容を周知させるため、氏名や住所等の情報を活用する場合

② 事業主が加入者等の個人情報を取り扱うに当たっては、①によるほか、技術的安全管理措置については「私的年金分野における個人情報の技術的安全管理措置」（平成29年厚生労働省告示第211号）の規定によることとし、その他の個人情報の取扱いについては「個人情報の保護に関する法律」（平成15年法律第57号）その他関係法令及び「個人情報の保護に関する法律についてのガイドライン（通則編）」（平成28年個人情報保護委員会告示第6号）の規定によることとすること。

（3）自社株式の推奨等の禁止

　事業主の禁止行為については、法第43条第3項及び施行規則第23条に規定しているところであるが、特に、

① 事業主が、加入者等に対し、自社株式又は自社債券（これに類するものを含む。）や関連会社の株式又は債券（これに類するものを含む。）などの特定の運用の方法に係る金融商品について指図を行うことや、指図を行わないことを勧めること（施行規則第23条第3号）、

② 事業主が、企業型年金加入者等に対し、自己（すなわち当該事業主）又は自己と人的又は取引関係のある関連会社などの第三者に運用の指図を委任することを勧めること（施行規則第23条第4号）

などは、いかなる場合であっても禁止されるものであり、こうした禁止行為に該当する、あるいは該当するおそれがあるような行為を行わないよう留意すること。

2. 確定拠出年金運営管理機関の行為準則

（1）忠実義務（法第99条第1項）の内容

　確定拠出年金運営管理機関は、少なくとも次の事項に留意しなければならないこと。

① 法、令、確定拠出年金運営管理機関に関する命令（以下「主務省令」という。）及び運営管理契約に従って運営管理業務を実施すること。

② 運用関連運営管理業務を行う確定拠出年金運営管理機関は、もっぱら加入者等の利益のみを考え、手数料等も考慮した加入者等の利益が最大となるよう、資産の運用

の専門家として社会通念上要求される程度の注意を払いながら運用の方法に係る金融商品の選定、提示及びそれに係る情報提供を行うこと。なお、制度発足時点では、もっぱら加入者等の利益のみを考え、手数料等も考慮した加入者等の利益が最大となるよう、資産の運用の専門家として社会通念上要求される程度の注意を払いながら運用の方法に係る金融商品の選定、提示及びそれに係る情報提供を行っていたとしても、その後定期的に見直しを行わなければ、期間の経過により、そうでなくなる可能性があることから、確定拠出年金運営管理機関においても、事業主に対する説明責任を積極的に果たすとともに、事業主との意見交換等を踏まえつつ、定期的に、第10.2に記載する項目等、自己の運営管理業務の遂行状況を点検・確認し、必要に応じて見直しを行うこと。

③　確定拠出年金運営管理機関は、企業型年金加入者掛金の拠出を導入している実施事業所の加入者に追加的に企業型年金加入者掛金を拠出した場合の年金額等への効果について情報提供を行うこと。

④　加入者等に対し、株式（主に一の企業の発行する株式で運用する投資信託などを含む。以下同じ。）を運用の方法として提示することは、もっぱら加入者等の利益のみを考慮してその業務を遂行しなければならないという忠実義務の趣旨に照らし妥当であると認められる場合に限られるものであること。

また、株式を運用の方法として提示したときは、当該株式を発行する企業が倒産した場合には、加入者等の個人別管理資産のうち当該株式での運用に係る部分の資産が零となる可能性が高いこと（すなわち倒産リスクがあること）を加入者等に対し、十分に情報提供すること。

⑤　法、令及び主務省令に規定された確定拠出年金運営管理機関の行為準則等を遵守すること。

⑥　加入者等から確定拠出年金の実施状況に関し照会又は苦情があったときは、当該照会又は苦情に誠実かつ迅速に対応すること。

⑦　確定拠出年金運営管理機関が、その運営管理業務の一部を他の確定拠出年金運営管理機関に再委託する場合にあっては、委託先の選定基準を適切に定めていること。また、確定拠出年金運営管理機関が、その運営管理業務の一部を他の確定拠出年金運営管理機関に再委託している場合にあっては、当該再委託した確定拠出年金運営管理機関から、その業務の実施状況等について少なくとも年1回以上定期的に報告を受け、委託先の業務遂行能力や、法令及び契約条項の遵守状況について加入者等の立場から見て必要があると認められる場合には、その業務内容の是正又は改善を申し入れるとともに、その旨を事業主又は国民年金基金連合会に報告すること。

また、当該再委託した確定拠出年金運営管理機関がその申し入れに従わず、又はその再委託した業務の実施状況により再委託を継続することが困難であると認めるときは、事業主又は国民年金基金連合会にその旨を報告し、法第5条に規定する手続き

にしたがって、その再委託契約を取消し、他の確定拠出年金運営管理機関に再委託すること。

（２）個人情報保護義務（法第99条第２項）の内容

① 法第99条第２項中の「その他正当な事由がある場合」とは、次のア及びイに掲げる場合をいうものであること。

　ア　法令の規定に基づき、裁判所、税務署等から個人情報提出命令等があった場合

　イ　事業主からの依頼に基づき、当該事業主の企業型年金の実施に係る業務の遂行に必要な範囲内において、加入者等の個人情報を提供する場合

② ①イにおける場合とは、１（２）①に掲げる事項をいうものであること。

③ 確定拠出年金運営管理機関が加入者等の個人情報を取り扱うに当たっては、①及び②によるほか、技術的安全管理措置については「私的年金分野における個人情報の技術的安全管理措置」の規定によることとし、その他の個人情報の取扱いについては「個人情報の保護に関する法律」その他関係法令及び「個人情報の保護に関する法律についてのガイドライン（通則編）」の規定によることとすること。

（３）「特別の利益を提供」の内容

　　法第100条第２号中の「特別の利益を提供」とは、一般の場合と比較して有利な条件で与えられる利益又は一般には与えられない特恵的又は独占的利益の提供をいい、例えば、金銭の提供、有利な条件による物品等の譲渡、貸し付けその他信用の供与又は役務の提供等がこれに該当すること。

（４）法第100条第６号に関する事項

① 法第100条第６号中の「特定のものについて指図を行うこと、又は行わないことを勧めること」としては、例えば、以下の場合が該当すること。

　ア　加入者等に対し、特定の金融商品への資産の投資、預替え等を推奨又は助言すること。

　イ　加入者等に対し、価格変動リスク又は為替リスクが高い外貨預金、有価証券、変額保険等について、将来利益が生じることや将来の利益の見込み額が確実であると告げ、又は表示すること。

　ウ　加入者等に対し、提示した他の金融商品と比較して、特定の金融商品が有利であることを告げ、又は表示すること。

　エ　提示した運用の方法のうち一部の運用の方法について情報提供すること。ただし、加入者等から特定の運用の方法の説明を求められた場合において、運用の方法の一覧を示して行うときを除く。

② 運用の方法に係る金融商品の「提示」の際の留意点

　　加入者等への運用の方法に係る金融商品の「提示」とは、確定拠出年金運営管理機関が選定した運用の方法に係る金融商品の名称（例えば、「〇〇銀行の１年もの定期預金の預入」等）を加入者等に示すことであり、その提示の際に、確定拠出年金運営

管理機関は、当該運用の方法に係る金融商品への運用の指図を行うことを推奨又は助言してはならないこと。

なお、加入者等から質問又は照会を受けた場合にあっても、特定の運用の方法に係る金融商品への運用の指図を行うことを推奨又は助言してはならないこと。

③ 「推奨」及び「助言」の内容

　ア 「推奨」の内容

　　運用の方法に係る金融商品に関する「推奨」とは、当該金融商品を評価し、当該金融商品への運用の指図を行うことは良いこと又は好ましいことであるということを加入者等に伝えること。

　　例えば、「この○○会社の発行する株式は、将来値上がり確実でいいものであるので、当該株式で運用する方がよい」ということを加入者等に述べること。

　イ 「助言」の内容

　　運用の方法に係る金融商品に関する「助言」とは、当該金融商品への運用の指図を行うよう加入者等に伝えること。

　　例えば、「この○○会社の発行する株式で運用すべきである」ということを加入者等に述べること。

（5）いわゆる営業職員に係る運用の方法の選定に係る事務の兼務の禁止

① 禁止の趣旨

　　確定拠出年金運営管理機関は、制度上もっぱら加入者等の利益のみを考慮して中立な立場で運営管理業務を行うものとして位置づけられているところであり、こうした趣旨に基づき、法第100条において、特定の運用の方法に係る金融商品について指図を行うことを勧める行為の禁止をはじめ、各種の禁止行為が規定されているところである。したがって、金融商品の販売等を行う金融機関が自ら確定拠出年金運営管理機関として運用関連業務を行う場合には、あくまでも中立な立場で業務を行い、当該禁止行為が確実に行われないようにするとともに、確定拠出年金運営管理機関に対する国民の信頼が確保されるよう、金融商品の販売等を行ういわゆる営業職員は運用の方法の選定に係る事務を兼務してはならないこととしたものであること。

② 運用の方法の選定に係る事務を行うことができる者について

　　上記①の趣旨を踏まえ、運用の方法の選定に係る事務を行うことができる者は、運営管理業務の専任者が行うことを基本とし、やむを得ず兼任者で対応する場合にあっても、当該兼任者は、個人に対し商品の販売若しくはその代理若しくは媒介又はそれらに係る勧誘に関する事務を行う者であってはならないこと。

③ 「役員、営業所の長その他これに類する者」について

　　主務省令第10条第1号中の「その他これに類する者」とは、営業所の長が欠けたときにその職務を代理することとなる者であり、例えば、副支店長、副支社長、副

支部長等をいうものであること。

（6）主務省令第 10 条第 2 号の内容

　　主務省令第 10 条第 2 号に関し、（5）①の趣旨を踏まえ、（4）の内容に留意して、営業職員が、確定拠出年金の運用の方法として加入者等に提示した運用の方法のうち特定のものについて指図を行うこと又は指図を行わないことを勧めることのないこと。

（7）主務省令第 10 条第 6 号の内容

　　比較表示に関し、例えば以下のような行為をした場合は、主務省令第 10 条第 6 号に該当すると考えられることから、これらの行為が行われないよう留意すること。

①　客観的事実に基づかない事項又は数値を表示すること。

②　運用の方法の内容について、正確な判断を行うに必要な事項を包括的に示さず一部のみを表示すること。

③　運用の方法の内容について、長所のみをことさらに強調したり、長所を示す際にそれと不離一体の関係にあるものを併せて示さないことにより、あたかも全体が優良であるかのように表示すること。

④　社会通念上又は取引通念上同等の商品として認識されない運用の方法間の比較について、あたかも同等の種類との比較であるかのように表示すること

（8）主務省令第 10 条第 7 号関係

　　主務省令第 10 条第 7 号の「運用の指図を行う際にその判断に影響を及ぼすこととなる重要なもの」としては、例えば、規則第 20 条第 1 項各号に掲げる事項が該当すると考えられるほか、以下のような行為を行った場合には、同号に該当すると考えられるため、これらに留意すること。

①　規則第 20 条第 5 項の「金融機関の業務及び財産の状況に関する説明書類」に記載された数値又は信用ある格付機関の格付（以下「客観的数値等」という。）以外のものを用いて、当該金融機関の資力、信用又は支払能力等に関する事項を表示すること。

②　使用した客観的数値等の出所、付された時点、手法等を示さずその意味について、十分な説明を行わず又は虚偽の説明を行うこと。

③　表示された客観的数値等が優良であることをもって、当該運用の方法の元本の支払が保証されていると誤認させること。

④　一部の数値のみを取り出して全体が優良であるかのように表示すること

（9）主務省令第 10 条第 9 号関係

　　主務省令第 10 条第 9 号の「運営管理契約の相手方の判断に影響を及ぼすこととなる事項（法第 100 条第 4 号の政令で定めるものを除く。）」には、例えば、次のものが該当することが考えられる。

①　確定拠出年金運営管理機関である法人の信用及び財産の状況

②　当該確定拠出年金運営管理機関と運営管理契約を締結した場合に必要となる手数料その他の費用の内容及びその負担の方法に関する情報

(10) 主務省令第 10 条第 10 号関係

主務省令第 10 条第 10 号の「当該企業型年金加入者等の判断に影響を及ぼすこととなる事項」には、例えば、次のものが該当することが考えられる。

①　令第 51 条各号に掲げる事項

②　確定拠出年金運営管理機関である法人の信用及び財産の状況

③　当該確定拠出年金運営管理機関を選択した場合に必要となる手数料その他の費用の内容及びその負担の方法に関する情報

(11) 主務省令第 10 条第 11 号関係

主務省令第 10 条第 11 号の「当該個人型年金加入者等の判断に影響を及ぼすこととなる事項」には、例えば、次のものが該当することが考えられる。

①　令第 51 条各号に掲げる事項

②　確定拠出年金運営管理機関である法人の信用及び財産の状況

③　当該確定拠出年金運営管理機関を指定した場合に必要となる手数料その他の費用の内容及びその負担の方法に関する情報

(注) 確定拠出年金の運用の方法以外の金融商品と異なり、個人型年金加入者等が、個人型年金加入者等である期間中、個別の運用の方法に係る手数料以外に、運営管理業務、事務委託先金融機関の業務及び国民年金基金連合会の業務に係る費用も負担することを明示すること。

④　確定拠出年金の老齢給付金の受給開始時期及び脱退一時金の支給要件

(注) 確定拠出年金の運用の方法以外の金融商品と異なり、個人型年金加入者等は、60 歳から老齢給付金を受給することができその前に脱退一時金を受給することはできないこと及び 50 歳超で個人型年金加入者等となった場合、通算加入者等期間に応じて、老齢給付金の受給開始時期が 60 歳より遅くなることを明示した上で、確定拠出年金制度は高齢期の所得確保を目的とした制度であることを説明すること。

また、その際には、確定拠出年金制度は高齢期の所得確保を目的とした制度であることから、個人の現役時代の生活設計を勘案しつつ、老後の生活設計や資産形成の計画等を踏まえ、確定拠出年金制度に加入するかは個人で十分に検討する必要がある旨説明すること。

(12) 行為準則に関する留意点

加入者等の権利が不当に侵害されないよう運営管理機関の行為準則が設けられた趣旨に鑑み、加入前の者に対して行為準則に反する行為が行われることにより、その者が加入者等となった場合、その加入者等の権利が侵害されることのないよう留意すること。

3．確定拠出年金運営管理機関の業務管理態勢

確定拠出年金運営管理機関は、もっぱら加入者等の利益のみを考慮し、加入者等の利益が最大となるよう、法令及び社内規則等を遵守し、健全かつ適切な業務運営を行うことが求められることから、法令及び社内規則等の適正な遵守を確保するための態勢を整備しなければならない。特に、下記の事項に留意すること。

（1）運用関連業務が適切に行われるよう社内規則等を定めるとともに、運用関連業務を行う役職員（運用の方法の提示又は情報を提供する営業職員を含む。）への周知を行っていること。

（2）法令及び社内規則等の遵守状況を検証する態勢を整備していること。

（3）運用関連業務を行う役職員（運用の方法の提示又は情報を提供する営業職員を含む。）が、当該業務及びその前提となる確定拠出年金制度に関する十分な知識を有するよう、研修等を行っていること。

（4）加入者等から申出があった苦情等に対し、迅速・公平かつ適切に対処する態勢を整備していること。

（5）第9．2（1）⑦の態勢を整備していること。

また、確定拠出年金運営管理機関が運営管理業務に付随する事務の一部を他の者に委託する場合に、委託先の選定基準が適切に定められていること。また、委託先の業務遂行能力や、法令及び契約条項の遵守状況について継続的に確認できる態勢が整備されていること。さらに委託先の業務遂行能力に問題がある場合における対応策（業務の改善の指導、委任の解消等）を明確に定めていること。

第10　事業主による確定拠出年金運営管理機関の定期的な評価

1．事業主による確定拠出年金運営管理機関の定期的な評価の考え方

事業主は、企業型確定拠出年金制度を実施する主体であり、もっぱら加入者等の利益のみを考慮し、確定拠出年金運営管理機関を選定することが必要である。

この点、制度発足時点で評価した確定拠出年金運営管理機関の体制や運用の方法がその時点で望ましいものであったとしても、期間の経過により、必ずしもそうでない体制や商品になることがありうる。こうした点を制度の実施主体として、自身で点検・確認し、確定拠出年金運営管理機関との対話等を通じて、改善していくことが必要である。このため、事業主は、確定拠出年金制度を導入した後も、法第7条第4項に基づき、少なくとも5年ごとに、確定拠出年金運営管理機関の運営管理業務の遂行状況について評価を行い、運営管理業務の委託について検討を加え、必要があると認めるときは、確定拠出年金運営管理機関の変更その他の必要な措置を講ずるよう努めなければならない。なお、第9．1（1）⑦において、事業主は、確定拠出年金運営管理機関等から、その業務の状況等について、年1回以上定期的に報告を受けること等が記載されているが、これらの報告内容についても、定期評価の際に考慮した上で、確定拠出年金運営管理機

関の評価を行うことが望ましい。

　点検すべき項目や手法については、その企業の規模や加入者等の構成、制度導入から
の定着度、投資教育の充実度等により、それぞれの事業主において異なると考えられる
が、少なくとも運営管理業務に係る下記2の事項について報告を受け、確定拠出年金運
営管理機関の運営管理業務の遂行状況について評価を行い、当該報告内容及び評価の内
容を加入者等に対して開示することが望ましい。

2．具体的な評価項目

　確定拠出年金運営管理機関により運用の方法が選定された時点から時間が経過して
も、なお、加入者等にとって最適な運用の方法が選定されているかを確認することが求
められることから、以下の点が評価項目として考えられること。

① 　運用の方法に関する第9．1（1）②の事項

② 　確定拠出年金運営管理機関による運用の方法のモニタリングの内容（商品や運用
会社の評価基準を含む。）、またその報告があったか

③ 　加入者等への情報提供がわかりやすく行われているか（例えば、コールセンター
や加入者ウェブの運営状況）

　また、確定拠出年金制度を長期的・安定的に運営するには、運営管理業務を委託
する確定拠出年金運営管理機関自体の組織体制や事業継続性も重要となることか
ら、運営管理業務の運営体制、確定拠出年金運営管理機関の信用及び財産の状況等
も評価項目とすることが考えられること。

　なお、上記の通り、定期的な評価は、事業主が主体的・俯瞰的に再点検し、確定
拠出年金運営管理機関との対話等を通じて、制度の是正又は改善につなげていくべ
きものであり、点検すべき項目や手法については、その企業の規模や加入者等の構
成、制度導入からの定着度、投資教育の充実度等により、それぞれの事業主におい
て異なると考えられることから、上記項目以外であっても、確定拠出年金運営管理
機関から運営管理業務に付随して提供を受けているサービス（例えば、投資教育を
委託している場合の投資教育の内容や方法等）で点検すべき項目があれば、当該項
目についても評価することが望ましい。

第11　企業型年金の加入者の資格を喪失した者に係る個人別管理資産の移換に関する事項

1．事業主は、加入者が資格を喪失した場合には、当該資格喪失者に対して、次の事項等に
ついて十分説明すること。

（1）法第80条及び第82条の規定による他の企業型年金若しくは国民年金基金連合会へ
の個人別管理資産の移換、法第54条の4の規定による確定給付企業年金への個人別管
理資産の移換又は法第54条の5の規定による企業年金連合会への個人別管理資産の
移換を行う旨の申出は、資格を喪失した日の属する月の翌月から起算して6月以内に

行うこと。

（2）上記（1）の申出を行わない場合には、①〜③のいずれかの取扱いがされること。

① 法第 80 条第 2 項の規定により、当該企業型年金に個人別管理資産があり他の企業型年金の加入者の資格を取得している場合には、新たに資格を取得した企業型年金へ個人別管理資産が自動的に移換されることとなること。

② 法第 83 条及び施行規則第 65 条の規定により、当該企業型年金に個人別管理資産があり個人型年金加入者等の資格を取得している場合には、個人型年金へ個人別管理資産が自動的に移換されることとなること。

③ 法第 83 条の規定により、個人別管理資産が国民年金基金連合会（特定運営管理機関）に自動的に移換され、連合会移換者である間、運用されることのないまま、管理手数料が引き落とされることとなること。その際、当該期間は通算加入者等期間に算入されないことから、老齢給付金の支給開始可能な時期が遅くなる可能性があること。

（3）企業型年金加入者の資格を喪失した者が、確定給付企業年金の加入者の資格を取得した場合には、資格を喪失した日の属する月の翌月から起算して 6 月以内であれば法第 54 条の 4 の規定により確定給付企業年金への個人別管理資産の移換を行うことができること。また、法第 83 条の規定により、個人別管理資産が国民年金基金連合会（特定運営管理機関）に自動的に移換されている者が、確定給付企業年金の加入者の資格を取得した場合には、法第 74 条の 4 の規定により確定給付企業年金への個人別管理資産の移換を行うことができること。

　なお、確定給付企業年金の本人拠出相当額は拠出時に課税、給付時に非課税の取扱いである。企業型年金の本人拠出相当額は拠出時に非課税の取扱いであることから、確定給付企業年金へ移換する個人別管理資産に企業型年金の本人拠出相当額を含む場合であっても、確定給付企業年金の本人拠出相当額としての取扱いではなく、給付時に課税されることとなること。

（4）法第 54 条の 4 又は第 54 条の 6 の規定による企業型年金から確定給付企業年金又は退職金共済への個人別管理資産の移換を行う場合にあっては、移換先の制度の制度設計上、確定拠出年金に加入していた期間（勤続年数を含む。）が移換先の制度設計に合わせた期間に調整される可能性があること。

　また、企業型年金の個人別管理資産に係る期間（当該個人別管理資産に厚生年金基金、確定給付企業年金、企業年金連合会、国民年金基金連合会、退職金共済又は退職手当制度から移換してきた資産を含む場合は当該資産に係る期間を含む。）は通算加入者等期間から控除されることとなること。ただし、企業型年金及び個人型年金に同時に加入する者であって、企業型年金の個人別管理資産のみ移換する場合には、個人型年金の加入者期間に影響はないこと。

2．令第46条の2の規定により、資格喪失者に係る記録関連業務を行う記録関連運営管理機関は、資格喪失後一定期間を経過した後においても移換の申出を行っていない資格喪失者に対し、資格喪失者の個人別管理資産が移換されるまでの間、当該申出を速やかに行うよう適時に促すこととされているが、事業主においても、資格喪失者が当該申出を速やかに行うよう適時に促すべく努めること。

3．法第54条の6の規定による企業型年金から退職金共済に個人別管理資産を移換できる場合について、同条に規定する「合併等」とは、施行規則第31条の5の規定により企業型年金を実施する事業主が中小企業退職金共済法第31条の4第1項の規定による申出を行っていない共済契約者（同法第2条第3項に規定する退職金共済契約の当事者である事業主をいう。）との間で実施する施行規則第31条の5に定める会社法の規定による行為のほか、中小企業退職金共済法施行規則（昭和34年労働省令第23号）第1条に規定する国又は地方公共団体に準ずる者を除く法人の設立を定める特別の法律の規定に基づくものであって、当該行為と同等とみなされるものであること。

第12　企業型年金の加入者の資格を喪失した者に係る脱退一時金の支給の請求に関する事項

企業型年金を実施する事業主は、厚生年金基金等からの資産移換又は脱退一時金相当額等の移換が見込まれる加入者が、当該資産の移換前に資格喪失した場合には、当該資格喪失者に対して、確定拠出年金制度が老後のための年金制度であることに鑑み、脱退一時金の支給を請求せずに、移換が見込まれる資産と合わせて引き続き個人別管理資産を運用することが望ましいことを十分説明すること。

2024年度 金融業務能力検定

等級	試験種目		受験予約開始日	配信開始日（通年実施）	受験手数料（税込）
IV	金融業務4級 実務コース		受付中	配信中	4,400 円
III	金融業務3級 預金コース		受付中	配信中	5,500 円
	金融業務3級 融資コース		受付中	配信中	5,500 円
	金融業務3級 法務コース		受付中	配信中	5,500 円
	金融業務3級 財務コース		受付中	配信中	5,500 円
	金融業務3級 税務コース		受付中	配信中	5,500 円
	金融業務3級 事業性評価コース		受付中	配信中	5,500 円
	金融業務3級 事業承継・M＆Aコース		受付中	配信中	5,500 円
	金融業務3級 リース取引コース		受付中	配信中	5,500 円
	金融業務3級 DX（デジタルトランスフォーメーション）コース		受付中	配信中	5,500 円
	金融業務3級 シニアライフ・相続コース		受付中	配信中	5,500 円
	金融業務3級 個人型DC（iDeCo）コース		受付中	配信中	5,500 円
	金融業務3級 シニア対応銀行実務コース		受付中	配信中	5,500 円
	金融業務3級 顧客本位の業務運営コース		受付中	配信中	5,500 円
II	金融業務2級 預金コース		受付中	配信中	7,700 円
	金融業務2級 融資コース		受付中	配信中	7,700 円
	金融業務2級 法務コース		受付中	配信中	7,700 円
	金融業務2級 財務コース		受付中	配信中	7,700 円
	金融業務2級 税務コース		受付中	配信中	7,700 円
	金融業務2級 事業再生コース		受付中	配信中	11,000 円
	金融業務2級 事業承継・M＆Aコース		受付中	配信中	7,700 円
	金融業務2級 資産承継コース		受付中	配信中	7,700 円
	金融業務2級 ポートフォリオ・コンサルティングコース		受付中	配信中	7,700 円
	DCプランナー2級		受付中	配信中	7,700 円
I	DCプランナー1級（※）	A分野（年金・退職給付制度等）	受付中	配信中	5,500 円
		B分野（確定拠出年金制度）	受付中	配信中	5,500 円
		C分野（老後資産形成マネジメント）	受付中	配信中	5,500 円
－	コンプライアンス・オフィサー・銀行コース		受付中	配信中	5,500 円
	コンプライアンス・オフィサー・生命保険コース		受付中	配信中	5,500 円
	個人情報保護オフィサー・銀行コース		受付中	配信中	5,500 円
	個人情報保護オフィサー・生命保険コース		受付中	配信中	5,500 円
	マイナンバー保護オフィサー		受付中	配信中	5,500 円
	AML／CFTスタンダードコース		受付中	配信中	5,500 円

※ DCプランナー1級は、A分野・B分野・C分野の3つの試験すべてに合格した時点で、DCプランナー1級の合格者となります。

2024年度　サステナビリティ検定

等級	試験種目	受験予約 開始日	配信開始日 （通年実施）	受験手数料 （税込）
–	SDGs・ESGベーシック	受付中	配信中	4,400 円
–	サステナビリティ・オフィサー	受付中	配信中	6,050 円

2024年度版
金融業務3級　個人型DC（iDeCo）コース　試験問題集

2024年6月6日　第1刷発行

編　者　一般社団法人　金融財政事情研究会
検定センター
発行者　　　　　　　　　　　加藤　一浩

〒160-8519　東京都新宿区南元町19
発　行　所　一般社団法人 金融財政事情研究会
販 売 受 付　TEL 03（3358）2891　FAX 03（3358）0037
URL https://www.kinzai.jp

本書の内容に関するお問合せは、書籍名およびご連絡先を明記のうえ、FAXでお願いいたします。　お問合せ先　FAX 03（3359）3343
本書に訂正等がある場合には、下記ウェブサイトに掲載いたします。
https://www.kinzai.jp/seigo/

ISBN978-4-322-14528-1